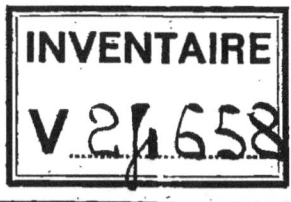

EXPOSITION

DÉS

BEAUX-ARTS

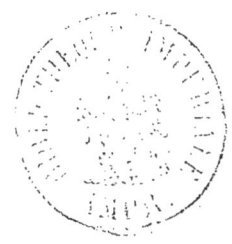

SALON DE 1859

PAR

LOUIS AUVRAY.

PARIS

LIBRAIRIE D'ALPHONSE TARIDE,

2, RUE DE MARENGO

(ANCIENNE RUE DU COQ-SAINT-HONORÉ).

1859.

Paris. — Typographie d'Emile Allard, 14, r. d'Enghien.

SALON DE 1859.

I.

L'Exposition des Beaux-Arts a été ouverte au public le 15 avril, ainsi qu'on l'avait annoncé, et, malgré son organisation qu'on savait incomplète, malgré un temps affreux, les artistes, les hommes de lettres et les gens du monde y étaient accourus en foule, comme pour donner un démenti à ceux qui prétendent que le goût des arts et des lettres s'éteint en France. Il est de notre devoir, avant de pénétrer, avec la foule, dans les galeries de peinture, de signaler deux modifications importantes apportées, cette année, au réglement de l'Exposition. L'une est relative au jury d'admission, et l'autre à la création d'une loterie d'objets d'art.

Anciennement, les œuvres des membres de l'Institut étaient seules admises sans passer à l'examen du jury, et cela ne pouvait être autrement, le jury n'étant composé que de membres de l'Institut, qui, certes, ne se seraient pas amusés à refuser leurs productions. Depuis quelques années, cette faveur a été accordée également aux artistes décorés pour leurs travaux. C'était un acte de justice qu'on avait réclamé depuis longtemps, et qu'on obtenait enfin. Mais là ne devaient pas s'arrêter les sages et bienveillantes réformes de l'administration actuelle ; elle a étendu encore d'un degré le droit d'exemption ; elle a décidé, cette année, « que seraient reçues sans examen les œuvres » des artistes ayant obtenu soit une médaille » de première classe aux Expositions annuelles, » soit une médaille de deuxième classe à l'Exposition universelle. » Nous espérons que l'administration des Beaux-Arts ne s'arrêtera pas dans la voie des réformes; nous pensons que, avant peu d'années, elle accordera aussi *l'admission sans examen aux ouvrages des artistes ayant obtenu une médaille de deuxième et même de troisième classe aux Expositions annuelles.*

Cette mesure satisferait les artistes et simplifierait énormément les opérations du jury d'admission qui, n'ayant plus alors que quelques centaines de tableaux et de statues soumis à son examen, pourrait y apporter une attention qui assurerait l'intégrité de ses jugements, intégrité qu'on ne peut exiger dans l'état actuel des choses. En effet, comment ne pas commettre d'erreur dans l'examen rapide de huit à dix mille ouvrages présentés souvent dans de mauvaises conditions de lumière ou de voisinage? Nous croyons que le seul moyen d'éviter au jury des erreurs déplorables et si fatales aux artistes qui en sont victimes, c'est de simplifier sa mission, de restreindre l'étendue de son travail; c'est de lui donner moins d'œuvres à examiner pour que son examen soit consciencieux. Pour atteindre ce but, deux choses sont à faire : 1° *Admettre sans examen les ouvrages des mem-*

bres de l'*Institut*, *des artistes décorés pour leurs travaux*, *des artistes ayant obtenu des médailles de première*, *deuxième et troisième classes aux Expositions annuelles*, afin de diminuer d'autant la besogne du jury; 2° *n'autoriser chaque artiste à n'envoyer que trois ouvrages*, ce qui réduirait bien davantage encore le fatigant travail du jury. Tout le monde y gagnerait. L'Exposition ressemblerait moins à un bazar ou à une salle de vente ; elle serait sans doute un peu moins nombreuse en productions, mais elle deviendrait certainement beaucoup plus intéressante sous le rapport du mérite, puisque membres de l'Institut, artistes, décorés, médaillés et autres auraient choisi eux-mêmes, pour les exposer, leurs trois meilleurs ouvrages.

À propos de cette grave question d'exemption du jury, un incident nouveau se présente cette année, par le fait que deux sculpteurs décorés, par conséquent exempts du jury, ont exposé des peintures sans les soumettre au jury d'admission. Les peintres se demandent si un artiste exempté du jury, comme peintre, peut exposer de la sculpture sans la présenter au jury de sculpture ? si un artiste, exempté comme sculpteur, a le droit d'exposer de la peinture sans la sanction du jury de peinture ?

Nous ne sommes pas de ceux qui voudraient imposer des limites aux facultés de l'intelligence, car nous-même nous avons exposé dans plus d'un genre ; mais de ce qu'un sculpteur peut être un peintre excellent, de ce qu'un peintre peut être un sculpteur remarquable, ne peut-il pas arriver, cependant, que le peintre de talent, que le sculpteur de mérite, exemptés tous deux du jury, fassent et envoient à l'Exposition, le sculpteur, de la mauvaise peinture, le peintre, de la sculpture détestable? Cela pouvant être, pourquoi ne pas soumettre au jury des œuvres en dehors du genre pour lequel l'artiste a obtenu la récompense qui l'exempte du jury? Voilà les observations qu'on nous adresse et que nous soumettons à la sagesse de l'administration.

Passons maintenant à la seconde modification apportée au réglement du Salon; parlons de la loterie. Dès l'année 1853, nous avions demandé, conjointement avec beaucoup de nos confrères, l'institution d'une loterie à la suite de l'Expoistion. Cette proposition, nous le reconnaissons, demandait à être étudiée; elle l'a été par l'administration qui vient de décider « l'organisation d'une loterie d'objets d'art, acquis parmi ceux qui figureront à l'Exposition de cette année, et dont le prix du billet est fixé à un franc. » Cette institution, si désirée par la majorité des artistes, si favorable aux intérêts des artistes exposants, a-t-elle été accueillie favorablement par tous? Mon Dieu, non! est-ce que l'esprit de controverse et de dénigrement ne s'attaque pas aux créations les plus belles, les plus utiles? Ceux-ci voulaient que le prix d'entrée à l'Exposition fut supprimé et remplacé par le billet de loterie, supprimant ainsi les sommes eonsidérables produites par le droit d'entrée et employées à l'acquisition des ouvrages destinés aux musées de l'Etat et des départements; ceux-là, croyant voir dans la loterie la suppression des commandes et des achats faits par l'Etat, se sont écriés : « Dans quel but cette loterie? à quel propos jeter à la fortune des numéros gagnants les œuvres destinées, par leurs auteurs, à des regards exercés ? est-ce qu'on ne se soucierait plus de préserver l'Art d'aussi indignes ballottements ? aurait-on résolu de lui retrancher les subsides qui l'aident à soutenir son niveau ?... Des honneurs, de nobles encouragements, s'il se peut, mais, de grâce ! pas de gros sous. » Où l'auteur de ces lignes a-t-il vu que l'État allait suspendre ses commandes, supprimer les honneurs, les encouragements qu'il accorde à la suite de chaque exposition ? Qu'il se rassure, jamais les arts n'ont été plus encouragés et les artistes mieux récompensés, et, pour s'en convaincre, il suffit de consulter le livret du Salon de 1859. On y voit figurer 233 commandes faites par l'État, 146 peintures, 68 sculptures, 7 gravures, 2 lithographies et 10 projets d'architecture. Dans ces chiffres ne figurent pas les ouvrages exposés, commandés par M. le préfet de la Seine. Aucun livret des expositions précédentes n'offre un tel chiffre de commandes. Quant aux récompenses, elles seront tout aussi nombreuses qu'aux autres Expositions, et les fonds du budget des Beaux-Arts, ainsi que ceux provenant du droit d'entrée, serviront, comme par le passé, à l'achat des meilleurs ouvrages exposés, destinés aux musées, aux églises de Paris et des départements, tandis que le produit des billets de loterie viendra ajouter une immense ressource de plus à celles de l'État, et permettre l'acquisition d'une foule d'ouvrages que le sort distribuera dans toutes les classes de la société, et qu'on n'aurait pas acheté sans cette institution nouvelle·

Il en sera de la loterie comme de l'Exposition de sculpture, faite, pour la première fois, en

1857, dans le jardin du local actuel. Dès les premiers jours, plusieurs sculpteurs, dont les ouvrages étaient placés dans ce charmant jardin émaillé de fleurs, se récrièrent, disant qu'ils n'avaient point fait des statues pour un jardin. Mais, huit jours plus tard, tous les statuaires qui avaient leurs figures dans les salons de peinture, demandèrent à ce qu'elles fussent de suite descendues dans les allées du jardin, tout à l'heure si dédaignées. La même transformation d'opinion aura lieu pour la loterie quand les artistes, auxquels le gouvernement n'aurait rien acheté, verront que, grâce à la loterie, ils ont vendu une œuvre qui leur serait restée, et que, pour en tirer parti, ils auraient dû donner pour rien à un marchand de tableaux. Oh! alors, appréciant les résultats de la loterie, ils la réclameront pour chaque Exposition comme les sculpteurs réclament un jardin pour exposer leurs statues.

La grande sculpture sera donc, comme en 1857, placée dans ce gracieux jardin qu'on achève en ce moment, où viendront respirer et se reposer les visiteurs fatigués du parcours des quinze salons et galeries consacrés à la peinture. La disposition de ces pièces, désignées par des numéros, est plus heureuse que la succession des sept grands salons de la dernière Exposition, qui présentait quelque monotonie. L'architecte, M. Viel, a partagé toute l'immense aile du Nord en trois vastes salons : un au centre, un autre au pavillon Nord-Est, le dernier au pavillon Nord-Ouest. L'espace qui sépare le salon central de ceux des extrémités a été divisé, de chaque côté, sur la longueur, en deux galeries dont les parois peu élevés laissent les tableaux à une hauteur convenable. L'aile qui fait face à la place de la Concorde est aussi divisée en galeries et en petits salons qui ont reçu les dessins, les aquarelles, les pastels, les miniatures, les émaux, les camées et les pierres gravées. Dans l'étroite galerie qui fait le tour de la nef et d'où la vue plonge sur cette vaste nef métamorphosée en jardin, sont exposés les projets d'architecture, les gravures, les lithographies, les statuettes et les bustes, ces derniers placés beaucoup trop bas: M. Viel sait aussi bien que nous que les bustes modelés, pour être vus à hauteur d'homme, ne doivent pas être posés à hauteur de ceinture. Il suffira de quelques madriers pour exhausser les sculptures de cette galerie et faire ainsi droit à notre juste réclamation.

On le voit, l'espace occupé par la présente Exposition est beaucoup plus considérable que celui du Salon de 1857. Il n'y a cependant, cette année, que 213 œuvres de plus inscrites au livret, qui contient 3,887 numéros : 3,045 peintures, 472 sculptures, 160 gravures, 96 lithographies et 114 projets d'architecture. Il est vrai que beaucoup de tableaux exposés ne figurent pas encore au livret; ils n'y seront portés qu'à la prochaine édition, en même temps que les envois des artistes anglais, si toutefois ils se décident à venir occuper la salle qui leur est réservée. On doit savoir gré à M. le comte de Nieuwerkerke de sa courtoisie à l'égard des artistes étrangers. De tous temps les artistes de tous pays ont été admis à nos Expositions des Beaux-Arts, et ont eu, comme nous, leur part aux récompenses. Mais l'hospitalité qu'on leur offre, cette année, est encore plus grande, plus digne et plus en rapport avec l'esprit généreux de la France. M. le directeur général des Musées a également eu le bon goût de réunir, dans un même salon, presque tous les tableaux de sujets religieux, nous disons presque tous, parce que ce salon se trouvant trop petit, il a bien fallu laisser quelques tableaux religieux parmi les autres peintures.

Du reste, le classement des ouvrages nous paraît mieux entendu. Nous savons l'impossibilité de placer, au goût de tout le monde, trois mille quarante-cinq tableaux et dessins ; nous savons les réclamations, les récriminations qui éclatent à l'ouverture des Expositions ; mais cependant, en distribuant dans chaque salle, dans chaque galerie, un certain nombre d'œuvres de mérite, au lieu de les agglomérer dans une ou deux pièces seulement, comme aux années précédente, M. de Chennevières a su jeter de l'intérêt dans toutes les parties de l'Exposition ; il a su attirer l'attention du public partout, et rendre, par ce moyen, la circulation beaucoup plus libre. Ainsi, le visiteur trouvera, dans les différentes salles, des peintures de MM. Gérôme, Delacroix, Hébert, Beaudry, Henriette Browne, Troyon, etc., et des sculptures de MM. Clessinger, Cavalier, Dantan aîné. Debay, etc.

Selon notre habitude, nous commencerons notre revue par la peinture historique ; puis, viendront les tableaux de genre, les portraits, les intérieurs, les paysages, les animaux, les marines ; les pastels, aquarelles, miniatures, émaux et peintures sur porcelaine ; les sculptures et gravures en médailles ; les gravures et lithographies, et l'architecture. Un dernier chapitre sera consacré à la séance des récompenses.

II.

PEINTURES HISTORIQUES.

MM. Yvon. — Barrias.— Muller. — Gêrôme.— Eugène
Delacroix. — Benouville. — Baudry.— Diaz. — Ma-
zerolle. — Bellangé. — Pils. — Lies. — Hamman.—
Dobbelcere. — Lévy. — Lazerges. — Hamon.— Au-
bert. — Bouguereau. — Curzon. — Hillemacher. —
Bailly.— Clésinger.— Etex. — Court.— Glaize père.
— Glaize fils. — Larivière. — Philippoteaux. — De-
caen. —Couverchel. — Beaucé.— Pichon. — Duval-
le–Camus. —Cartellier.— Dumas. — Rigo. — Mey-
nier. — Hesse.— Henri Scheffer. — Legras. — Abel.
— Caraud. — Comte. — E. Devéria. — Jacquand.—
Heilburth. — Mottez.

La grande peinture, la peinture historique,
est abandonnée en France, s'écrie-t-on à chacune de nos Expositions des Beaux-Arts. Cette
année encore, ce sont les tableaux de genre qui
dominent, et leur mérite, leur nombre toujours
croissant, prouvent que la majorité des artistes
s'y adonnent de préférence. Il y a deux ans, dès
l'ouverture du Salon, nous avons expliqué les
causes de cet abandon survenu depuis 1830,
époque qui a brusquement, trop brusquement
peut-être, changé le goût du public et modifié
les études artistiques. Nous ne reviendrons pas
sur ce sujet traité par nous en 1857 ; nous nous
bornerons à faire observer que le Salon actuel
semble accuser une tendance de retour à la
grande peinture historique. En effet, les grandes
toiles sont nombreuses; quelques-unes ont trait
à l'histoire de l'antiquité, quelques autres aux
événements contemporains, mais la presque to-

talité des grands tableaux du Salon représentent des sujets religieux. Malheureusement, peu d'entre ces derniers sont traités avec le goût et le talent qu'on voudrait toujours rencontrer dans ce genre de peinture.

Ce qui n'a pas peu contribué, de notre temps, à égarer les jeunes artistes lorsqu'ils avaient à rendre un sujet de sainteté, c'est bien assurément l'engouement, la mode du gothique, que peintres, sculpteurs, architectes, appliquent à toute sauce. De ce qu'on a dit et écrit que le style gothique était essentiellement religieux, qu'il était le plus convenable pour les temples chrétiens et pour la traduction des faits de l'histoire sacrée, beaucoup d'artistes se sont pénétrés de cette idée que leurs compositions n'auraient pas le caractère religieux s'ils s'écartaient de la raideur gothique, s'ils n'affublaient tous les personnages de la Bible des costumes de l'époque du moyen-âge, laissant de côté toutes traditions historiques.

Certainement, nous apprécions infiniment le sentiment naïf, l'expression pleine de foi d'un grand nombre de peintures et de sculptures des xıᵉ et xııᵉ siècles ; mais on nous permettra de ne pas admirer tout dans le gothique, de ne pas le mêler à tout ; on nous permettra de penser qu'un sujet d'histoire sainte peut être d'un caractère très religieux, quoique traité avec indépendance, dans des données de vérité de costume, d'action et de modelé. Nous ne comprenons les peintures et sculptures de style gothique que lorsque ces ouvrages sont destinés à l'ornementation d'un édifice de ce genre d'architecture ; il serait ridicule alors de ne pas s'inspirer, de ne pas

imiter le mieux possible les chefs-d'œuvre de
cette époque. De même que rien n'est plus dis-
parate, plus choquant que de rencontrer, dans
un temple d'architecture grecque ou romaine,
une peinture ou une sculpture moderne imitée
du gothique, sous prétexte que c'est plus chrétien. Ces anachronismes révolteront toujours
les hommes de goût. Pourquoi oublier que la
peinture et la sculpture sont les auxiliaires de
l'architecture, que leur rôle est de concourir à
l'harmonie du monument qu'elles sont appelées
à décorer ? L'unité de style devrait être la première préoccupation de l'artiste chargé d'une
œuvre monumentale, car les anachronismes que
commettent les peintres, les sculpteurs, sont
tout aussi blâmables et de tout aussi mauvais
goût que ceux commis par les architectes, lorsque, dans une restauration, ils accolent une
façade d'architecture romaine à un édifice gothique ou renaissance, ainsi qu'à Saint-Eustache, par exemple. Il est temps que, comme
les architectes, les peintres et les sculpteurs se
rendent à cette vérité ; qu'ils étudient tous les
genres, tous les styles pour les appliquer au
besoin ; il est temps qu'ils cessent de croire que
c'est le style d'une époque, plutôt que le sentiment, la naïveté d'une école primitive plutôt
que la sévérité et la pureté de forme qui donnent le caractère religieux à une composition
tirée de l'histoire sainte. Dégagé de ces préven-
tions, l'artiste retrouvera son indépendance, son
originalité ; il se livrera sans préoccupation à
des études sérieuses, qui doteront ses œuvres
des qualités qui manquent à beaucoup trop de
grandes toiles de l'Exposition de 1859.

Parmi les compositions historiques, celles de

2

MM. Yvon et Gérôme occupent encore cette fois le premier rang. Cependant, quoique très remarquables sous plus d'un rapport, les peintures exposées par ces éminents artistes n'excitent pas les mêmes sympathies, le même concours d'unanime approbation que celles qui figuraient au dernier Salon.

Des deux grandes pages de M. Yvon, une seulement est exposée, l'autre n'est pas achevée encore; c'est par elle que nous terminerons probablement ce chapitre consacré aux tableaux d'histoire et de genre historique. La *Gorge de Malakoff*, tel est le sujet traité cette année par M. Yvon. Les premiers épaulements de Malakoff étant escaladés, les troupes de la division Mac-Mahon se trouvèrent en face de tout un système de barricades en terre d'où elles durent successivement déloger les Russes. Après de sanglants efforts, nos troupes réussirent à expulser complétement l'ennemi, et arrivèrent à la gorge de l'ouvrage, espace ouvert, large de quatre mètres environ, qui servait de porte de communication entre la redoute et la ville de Sébastopol. Le 20° et le 27° de ligne, commandés par le général Vinoy, pénétrèrent les premiers dans ce labyrinthe, et, après des pertes douloureuses, occupent la gorge, soutenus par les zouaves de la garde, colonel Jannin, par les voltigeurs de la garde, colonel Douay, dont les généreux efforts réussissent à contenir les retours offensifs des Russes, mais au prix de bien du sang! Déjà, à la base de cette digue héroïque, gisent le colonel Adam et le commandant Fratsoqui, du 20° de ligne, dont le drapeau flotte au milieu de la fumée de la mousqueterie et des gabionnades incendiées de l'épaulement conquis, et sur lequel il vient d'être planté. A la droite du tableau, au sommet d'une traverse, on aperçoit le général Vinoy, debout, appuyé sur son épée, et dirigeant les mouvements de sa troupe. Enfin, arrive le général Wimpffen à la tête de la brigade de réserve. Ce sont les tirailleurs algériens, conduits par le colonel Rose, qui se précipitent comme un torrent et jettent à l'envi, pour fermer la terrible ouverture, sacs-à-terre, gabions et leurs propres corps. Au milieu d'eux, leur brave lieutenant-colonel Roques est frappé mortellement en plantant le premier gabion. Au centre du tableau, sur l'épaulement où est planté le drapeau, un Arabe, le sergent Mustapha, pour animer la lutte, et sous le feu le plus terrible, joue les airs indigènes sur l'instrument national (kenob). Le 50e de ligne les suit de près, et sur le premier plan du tableau, à droite, on voit le 5e régiment de zouaves, colonel Polhès.

Cette description du tableau de M. Yvon donne une idée des difficultés qu'il avait à surmonter et dont on doit lui tenir compte. Faire mouvoir tous ces divers corps d'armées dans un espace limité comme la gorge de Malakoff n'était pas chose facile, et nous croyons que peu d'artistes s'en seraient tiré aussi bien que M. Yvon, malgré les reproches qu'on peut adresser à sa composition. Si quelques groupes du second plan, au centre du tableau, manquent de relief, si l'air ne circule pas bien partout, si le mouvement de l'officier de tirailleurs algériens, portant un sac-à-terre, est maniéré, ces défauts ne sont-ils pas rachetés par les qualités les plus sérieuses, par l'excellente entente d'une aussi vaste composition, par un dessin toujours vrai, toujours correct, par une couleur solide et une exécution large ? Si la scène est moins dramatique que dans la *Prise de la tour Malakoff* exposée en 1857, c'est qu'ici c'était une mêlée et que, dans le tableau que nous examinons, les Russes, étant repoussés en dehors de la gorge, les combattants sont séparés par un espace qui ne permet pas de s'aborder à la baïonnette.

Sans quitter le Salon central où nous sommes, nous trouvons, en face, un autre épisode de cette glorieuse campagne de Crimée; nous assistons au *Débarquement de l'armée française à Old-Port, en Crimée, le 14 septembre 1854*. Ce tableau, peint par M. Barrias, donne une parfaite idée du débarquement de l'armée; l'œil embrasse une grande étendue de la côte et de la mer; on aperçoit les chalands, les chaloupes, les canots-tambours, les canots ordinaires remplis de soldats abordant le rivage, sur trois points à la fois; on voit les trois divisions se former et leurs colonnes venir défiler devant le maréchal Saint-Arnaud et son état-major, au cris de *Vive l'Empereur !*... Il y a de l'élan, de l'enthousiasme dans cette composition qui se recommande encore par la couleur et le mérite de l'exécution.

Un autre tableau d'une exécution remarquable, c'est celui de M. Muller : *la Proscription des jeunes Irlandaises catoliques, en 1655*, scène d'un intérêt on ne peut plus pathétique, et rendue avec une grande puissance d'expression et de couleur. La protestante Angleterre voulant « qu'il n'y eût plus de catholique en Irlande, et qu'à leur place il s'établît des protestants, au lieu de se borner à tuer, » prend le parti de les déporter de force. « Une fois, dit la notice du

livret, on enleva d'un seul coup mille jeunes
filles irlandaises qu'on arracha aux bras de leurs
mères pour les conduire à la Jamaïque, où elle
furent vendues comme esclaves. » C'est à cet
acte de fanatisme anglais que l'artiste nous fait
assister. Par un temps brumeux, de grand matin sans doute, une soldatesque brutale, sous
les ordres de leur capitaine, embarque de force
les jeunes filles en proie au désespoir. Les unes
se débattent énergiquement, se réfugient dans
les bras de leurs mères qui les défendent en vain;
les autres, résignées, pleines de foi en Dieu,
acceptent comme un martyre le sort affreux qui
les attend. La figure du capitaine est belle et
énergique, mais le groupe le plus saisissant
c'est celui du centre du tableau; l'expression de
résignation de la jeune fille est remplie de noblesse.

Nous avons dit que les ouvrages de M. Gérôme
n'ont pas, cette année, le succès obtenu par son
Duel au sortir d'un Bal masqué, par les *Re-
crues égyptiennes*, par sa *Prière chez un Chef
arnaute*, autour desquels on se pressait au Salon de 1857. Celui des trois tableaux de cet artiste qui, par son sujet, aurait dû impressionner
le plus (la *Mort de César*), est justement celui
devant lequel la foule s'arrête le moins. Pourquoi cela? serait-ce son voisinage qui lui nui-
rait? peut-être faudrait-il le voir seul, sur un
fond et dans un jour p'us convenables? Pourtant, il est composé de manière à produire une
profonde sensation : le cadavre de César, frappé
de trente-cinq coups de poignard, est là, étendu
au pied de la statue de Pompée, gisant dans
l'ombre, sur le pavé de cette vaste salle du Sénat, maintenant déserte, silencieuse, abandon-

née des conjurés qui ont fui épouvantés de leur crime. Le désordre des vêtements, la main droite coupée, lacérée, pleine de sang. la chaise curule renversée, les traces de pas ensanglantés, tout témoigne de la lutte soutenue par César contre ses nombreux assassins. Ce manuscrit déchiré, taché de sang, qu'on voit près du corps de César, est sans doute la note confidentielle qu'il n'a pas eu le temps de lire, et qui révélait la conspiration. Le demi-jour qui règne dans cette salle ajoute encore au froid qu'inspirent ces dalles, ces murs de marbre, ce vide immense qui s'est fait autour d'un cadavre. Au point de vue de l'exécution, on reproche à M. Gérôme d'avoir fait du bronze et non de la chair. Ce reproche est surtout fondé pour les tons vert-de-gris du masque ; mais le raccourci est bien senti, le désordre de la draperie est naturel, sans la recherche ou le laisser-aller de mauvais goût dans lequel serait tombé un artiste moins capable.

Ave, Cæsar imperator, moritari te salutant, le *Salut des Gladiateurs*, du même peintre, n'est pas moins dramatique que le précédent sujet. Des milliers de spectateurs occupent les innombrables gradins de l'amphithéâtre du Cirque ; une lutte vient de finir ; les employés du Cirque harponnent et traînent hors de l'arène les cadavres des gladiateurs qui ont succombé, comme on le fait des taureaux tués dans les cirques espagnols ; d'autres jonchent de sable nouveau les parties de l'arène qui ont été foulées dans la lutte et les mares de sang formées çà et là ; enfin, les nouveaux combattants viennent saluer César, qui, dans sa loge, assiste à ce spectacle aimé des Romains. Autant le grand

tableau de la *Mort de César* est vide de personnages, autant celui-ci, de petite dimension,
est rempli. La lumière est savamment répartie,
la couleur a de l'éclat, mais le dessin laisse à
désirer dans quelques-unes des figures du premier plan. Nous adresserons le même reproche à la figure principale du troisième tableau,
le *Roi Candaule*. Lysias est d'un dessin nature, mais les formes manquent d'élégance, de
finesse. Du reste, cette petite composition est
charmante; elle est arrangée avec un goût
exquis et d'une harmonie de couleur on ne peut
plus agréable.

M. Eugène Delacroix, qui n'avait rien au
dernier Salon, a envoyé, cette fois, huit tableaux : la *Montée au Calvaire*, 819; — le
Christ descendu au Tombeau, 820; — *Saint
Sébastien*, 821; — *Ovide en exil chez les Scy-
thes*, 822; — *Herminie et les Bergers*, 823; —
Rébecca enlevée par le Templier, 824; — *Ham-
let*, 825; — les *Bords du fleuve Sébou*, 826.
Que dire de ces peintures? Bornons-nous à
sténographier un entretien qui résume les diverses opinions; racontons notre conversation
avec une personne qui, un journal à la main,
et après avoir cherché en vain, vint nous demander où étaient les tableaux de Delacroix. —
Devant vous, lui répondîmes-nous. — Ça? —
Oui. — Cela n'est pas possible! — Voyez la signature. — En effet. . Delacroix... Eh bien !
ça n'est pas beau; vraiment, je ne comprends
pas que mon journal trouve cela admirable. —
Pourquoi vous étonner? n'avez-vous pas lu et
entendu dire que Paul Delaroche n'était pas un
peintre; que H. Vernet n'était qu'un crétin, un
badigeonneur à la toise? Qu'on dénigre ce qui

est bien et beau, qu'on loue ce qui est laid et faux, cela ne change rien aux choses; elles restent toujours ce qu'elles sont réellement. D'ailleurs, il y a des gens qui, par goût, aiment la laideur, épousent des êtres repoussants, hideux. — Sans doute ; mais ces goûts-là ne sont pas ceux de la majorité —Regardez, voyez-vous beaucoup de monde s'arrêter aux tableaux de M. Delacroix ? — C'est vrai , personne. Aussi, ne puis-je croire que mon journal ait sérieusement trouvé cette peinture admirable.—Vous avez tort : tous les goûts sont dans la nature. — Mais enfin, Monsieur, de deux choses l'une : ou les peintures du Musée du Louvre, qui nous montrent la nature sous de si jolis aspects, avec des formes si belles,si variées, avec une richesse, une harmonie de couleur qui séduisent, sont des chefs-d'œuvre, et celles que nous avons là, sous les yeux, ne sont que des pochades, ou bien les huit tableaux de M. Delacroix sont admirables, et les tableaux du Louvre, les Raphaël, les Titien, les Véronèse, les Poussin, ceux des maîtres anciens et modernes, ne sont que des croûtes, car, entre les tableaux que nous examinons et ceux des grands maîtres, il y a la distance du laid au beau , il n'existe enfin aucun rapport.—Ce jugement est sévère, et c'est probablement parce que les œuvres de M. Delacroix n'ont de rapports avec aucune autre qu'elles excitent l'admiration de quelques hommes. —Je le croirais volontiers, puisque j'ai lu, il y a peu de jours, que ce qu'*il y a surtout d'admirable dans cette jument sauvage* (du tableau 822), *c'est que ce n'est pas un cheval*, et, je vous l'avoue, Monsieur, j'avais toujours pensé que, pour représenter un cheval, il fallait faire un

cheval, qu'un arbre en peinture devait ressem-
bler à un arbre ; je comprends maintenant
pourquoi personne ne s'adresse à cet artiste
pour faire faire son portrait... — Décidément,
vous n'aimez pas ce genre de peinture ; cependant, je veux vous réconcilier avec quelques-
unes des œuvres de cet artiste. — Ce serait difficile. — Moins que vous le supposez. Allez au
Musée du Luxembourg, allez voir *le Dante aux*
Enfers, tableau qui date de plus de trente ans,
et qui n'a rien de la manière adoptée depuis par
M. Eugène Delacroix. Ce tableau sera toujours
compté parmi les meilleurs de l'École moderne,
et j'en suis sûr, il vous plaira.

Passons à l'examen des œuvres d'un artiste
trop tôt enlevé aux arts ; parlons des tableaux
laissés par Benouville, jeune peintre d'un talent
sérieux, et qui promettait d'arriver au premier
rang dans la grande peinture historique. Sa
Jeanne d'Arc est vraiment inspirée ; elle tressaille
en écoutant la voix divine qui lui crie : « Jeanne
la Pucelle, fille de Dieu, va en France, va en
France. Hâte-toi, hâte-toi. » La pose est énergique et simple ; on sent, au mouvement ner-
veux avec lequel cette jeune fille presse la
quenouille de lin qu'elle était occupée à filer,
on sent à la fierté, à l'éclat de son regard qu'un
transport divin l'anime et qu'elle aura la puissance d'accomplir de grandes choses. Cette composition est l'œuvre la plus complète de Benouville, comme pensée, comme dessin, comme
couleur et comme exécution. *Sainte Claire*
recevant le corps de saint François d'Assise, du
même, est une scène plus compliquée, dont les
groupes nombreux sont bien disposés, dont les
figures principales sont touchées avec délica-

2.

iesse, mais dont le modelé est moins vrai et le faire moins large que dans la Jeanne d'Arc.

De ses deux sujets : *La Madeleine pénitente* et *la Toilette de Vénus*, exposés par M. Beaudry, nous préférons le dernier. L'effet général est agréable, le groupe est gracieux, les formes de Vénus sont élégantes, d'un dessin plus arrêté que celui de la Madeleine, dont le modelé est cotonneux et la couleur blafarde. Nous engageons cet artiste de ne pas sacrifier son talent à la mode, de ne pas chercher à faire du Diaz, dont l'insuccès de cette année dégoûtera, nous l'espérons, ses trop faciles imitateurs. Nous invitons nos lecteurs à voir les neufs tableaux de M. Diaz : *Galathée*, 887, — *l'Education de l'Amour*, 888, — *Vénus et Adonis*, 889, — *l'Amour puni*, 890, — *N'entrez pas*, 891, — *la Fée aux Joujoux*, 892. — *la Mare aux Vipères*, 893, — *Portrait de Mme A. P.*, 894, — *Portrait de Mme S.*, 895. Ils regretteront comme nous qu'avec du talent cet artiste arrive à ne plus prendre la peine d'étudier, de dessiner et bientôt de modeler le coloris des chairs. Encore un pas dans cette voie et ses tableaux ne seront plus que des ébauches informes, incompréhensibles.

M. Mazerolle aime les scènes dramatiques. Il avait au dernier Salon, *Chilpérie et Frédégonde devant le cadavre de Galsuinthe*; cette fois, c'est *Néron et Locuste, essayant des poisons sur un esclave*, qui meurt en se débattant dans des douleurs horribles. Le cruel Néron, assis, la tête appuyée sur les deux mains, observe d'un œil farouche les ravages que font les poisons sur l'esclave, qui se roule à ses pieds et à ceux de Locuste, vieille et ignoble femme dont l'aspect inspire

le dégoût. Cette composition est vigoureusement touchée; la figure nue de l'esclave est
d'un dessin large et puissant; la tête de Néron
n'est peut-être pas assez largement dessinée, ce
qui lui donne un peu l'air d'une vieille femme.

L'inventaire d'une casemate russe après la
prise de Malakoff, par M. Bellangé, est d'une
si grande vérité de détails qu'on doit croire que
cette scène a été peinte d'après nature, ainsi
que cette autre toile : *Épisode de la Prise de
Malakoff*, d'un intérêt plus dramatique. Mais
le tableau qui impressionne le plus par son sujet, c'est *Le Salut d'adieux, scène de tranchée
devant Sébastopol*. Un officier supérieur de
zouaves vient d'être tué, deux zouaves l'empor-
tent couché sur un brancard et recouvert de son
caban ; partout sur son passage les zouaves
cessent le feu et font face au convois pour rendre, par le salut militaire, un dernier hommage de respect et de regret au courage mal-
heureux. L'expression de calme et d'énergie
empreinte sur ces mâles visages est saisissante.
Ces têtes sont touchées de main de maître et
nous ne pouvons que féliciter la Commission de
la loterie de l'Exposition d'avoir fait l'acquisition de ce tableau, ainsi qu'un autre du même
genre, de M. Pils: *Défilé des zouaves dans la
tranchée (Siége de Sébastopol)*. Rien de plus
vrai que les poses de ces troupiers qui mar-
chent à la file, et courbés pour n'être pas aper-
çus ni éveiller l'attention de l'ennemi. Cette petite toile, d'une couleur vigoureuse, est le digne
pendant de celle de M. Bellangé. Heureux ceux
que le sort favorisera de ces deux intersesantes et
remarquables compositions. Nous sommes con-
vaincu que ces deux sujets, si sympathiques au

peuple, ne sont pas étrangers à l'empressement qu'il montre à prendre des billets de la loterie, lorsqu'après avoir quitté l'atelier ou le magasin, il vient, le dimanche, visiter l'Exposition. Pour qui aime les arts, gagner pour un franc, soit une jolie gravure d'une valeur de cent francs, soit un charmant tableau de mille francs et plus, soit une belle sculpture en marbre ou bronze de mille à deux mille francs et peut-être davantage ; c'est touchant pour tout le monde (1).

Personne n'ignore que, depuis longtemps, les ouvrages des artistes étrangers étaient admis à nos Expositions des Beaux-Arts, qu'ils y étaient traités sur le même pied que ceux des artistes français, qu'ils y avaient les mêmes droits aux achats et aux récompenses du gouvernement. Cette courtoisie, — toute française, — l'administration l'a poussée plus loin encore, cette année : elle a accordé des salles particulières aux peintures des artistes étrangers ; une pour les

(1) Voici la liste des autres acquisitions déjà faite pour la loterie; elle donnera une idée du goût que la Commission apporte dans ses choix : —Rêverie, par M. Aubert. — Le Renard et les Raisins, par M. Balleroy. — Le Viatique en Bretagne, par M. Baudit. — Paysage, prière dans les environs de la Brie, par M. Bluhm — Troupeaux de vaches, souvenir des Pyrénées, par M. Auguste Bonheur. — Plantation d'un Calvaire, par M. Breton. — Une Couturière, par le même. — Les Sœurs de Charité, par Mme Henriette Browne. — Avant la Messe, par M. Capelle. — Représentation d'*Athalie* devant le roi Louis XIV, par les demoiselles de Saint-Cyr (classe bleue), par M. Caraud. — Femme de Mala di Goëte, par M. de Curzon. — Groupe d'Arbres au bord de la mer, par M. Desjobert, —L'Hospitalité, par M. Du-

Belges, les Hollandais et les Allemands, et une
entièrement réservée aux Anglais, qui, vu l'époque
avancée, n'enverront probablement aucun ouvrage au Salon actuel. Parmi les artistes étrangers qui ont répondu à l'appel qui leur était fait,
les Belges sont, comme de coutume, les plus
nombreux et les plus remarquables. Il est vrai
que beaucoup d'entre eux habitent Paris, que
presque tous sont venus étudier et se perfection-
ner ici, et que le visiteur, en parcourant le Salon
occupé par les ouvrages belges, peut se croire
en face de peintures françaises. Il faut cependant en excepter le tableau — *Les Maux de la
Guerre,* — de M. Lies, d'Anvers, dont la manière est une imitation de l'ancienne école allemande. Nous regrettons qu'avec un talent de premier ordre, cet artiste consacre son temps, sa
patience à imiter les procédés, les trucs de tel
maître, de telle école, au lieu d'être lui, d'être
original, d'être vrai, non seulement par la pen-

verger. — Le Déjeuner, par M. Fichel. — Un Paysage,
par M. Hanoteau. — Souvenir du Château de Pé-
tersheim, par M. Knyff. — Un Paysage, par M. La-
morinière — Le Goûter des cueilleuses d'œillet-
tes, par M. Langée. — L'Étang de la ferme de
Bourcq, par M. E. Lavieille. — Le *Benedicite,* par
M. Lechevalier-Chevignard. — Faits divers, Inté-
rieur suisse, par Armand Leleux. — La Vigie, par
M. Le Poitevin. — Pêche au saumon, par M. Charles
Lerou. — Animaux, par M. Van Marck. — Une
Ronde d'officiers du temps de Charles-Quint, par
M. Pinguilly-L'Haridou. — Un Novice de l'ordre
Saint-François, par M. Ruipérez. — La Leçon, par
M. Toulmouche. — Halte de contrebandiers, par
M. Achille Zo.

sée et le contour, mais encore par le modelé et la couleur.

Cette scène des *Maux de la Guerre* au temps de la féodalité, est pleine d'intérêt. Deux seigneurs étaient en guerre; le vainqueur a pillé, dévasté, incendié le château de son adversaire qu'il emmène prisonnier ainsi que tous les membres de sa famille. Ce vieillard marche accablé, ayant à ses côtés ses deux fils garottés comme lui ; l'aîné, blessé à la tête, indigné des brutalités auxquelles son père est en but, cherche à rompre ses liens pour pouvoir le défendre et protéger sa mère et sa jeune sœur contre les propos, les grossièretés des chevaliers qui escortent la charette sur laquelle on les a placées. Les têtes de ces nobles chevaliers dévaliseurs, ont du caractère; celles des deux femmes sont jolies, expressives ; mais les chevaux laissent bien à désirer, et cette composition qui, n'a qu'un premier plan, manque de perspective aérienne.

Un autre peintre belge, M. Hamman, d'Ostende, a le bon esprit de chercher à ne singer aucun maître; il ne se préoccupe que de l'étude de la nature, qu'il s'applique à interpréter de son mieux, comme le prouve son tableau de *André Vésale professant à Padoue. en 1546.* On sait qu'ayant appris qu'en Italie on attaquait son système avec acharnement, Vésale y fit annoncer qu'il donnerait publiquement, à des jours déterminés, à Padoue, des conférences afin de confondre ses adversaires en démontrant ses découvertes sur le cadavre humain même. On sait que les savants accoururent de toutes les parties de l'Europe, que Vésale se surpassa dans ses conférences, et que son triomphe fut complet. C'est là le sujet que M. Hamman a su traiter avec esprit et talent. Son amphithéâtre est complétement rempli de spectateurs, et cependant l'air circule bien parmi ces nombreux groupes heureusement disposés. La lumière est savamment répartie et fait valoir le groupe principal; l'attention est portée tout entière sur Vésale et le cadavre sur lequel il fait ses démonstrations. La pose de ce savant est simple, le geste noble, la tête inspirée, le dessin est vrai et plein de finesse de modelé, la couleur est puissante d'effet, quoique d'une exécution soignée dans toutes les parties du tableau. On retrouve les mêmes qualités de couleur et de dessin dans deux autres compositions moins importantes de cet artiste : *le Dante à Ravennes* et *Stradivarius*.

Les deux tableaux de M. Dobbelaere, de Bruges, sont inférieurs au mérite de ceux que nous venons de décrire. Sa peinture est d'un ton trop uniforme, trop monotone; elle manque de chaleur, de relief. Il y a un peu plus d'effet dans la toile qui représente *l'Assassinat de Charles-le-Bon, comte de Flandre*, que dans celle qui nous montre *Memling, malade à Bruges, peignant la châsse de Sainte-Ursule*; mais ce dernier sujet est mieux dessiné, mieux composé.

M. Lévy, jeune pensionnaire de l'école française à Rome, se montre meilleur coloriste dans sa grande composition intitulée *le Souper libre*. Ce souper précédait le jour où les condamnés devaient être livrés aux bêtes dans les cirques romains. La salle où ils mangeaient était pleine de peuple, et nos saints martyrs lui adressaient la parole, tantôt le menaçant de la colère de

Dieu, quelquefois lui reprochant, avec ironie, sa curiosité brutale. C'est une semblable scène que M. Lévy a voulu rendre; c'est saint Sature disant à cette foule qui entoure la table où lui et d'autres martyrs prennent le souper libre : « Le jour de demain ne vous suffira-t il pas pour nous contempler à votre aise et pour assouvir la haine que vous nous portez?.. Remarquez bien nos visages, afin de nous reconnaître à ce jour terrible où tous les hommes seront jugés. » Il y a dans ce tableau deux jolies têtes de femmes, mais on regrette la froideur des autres personnages, et surtout des groupes populaires auxquels le saint adresse des reproches. *Ruth et Noémi*, du même artiste, est un tableau moins considérable, mais qui se distingue par la couleur et le dessin.

Un artiste dont les œuvres ont le caractère éminemment religieux, M. Lazerges, a exposé *Jésus embrassant la Croix*, — *Reniement de Saint Pierre* — et les *Dernières Larmes de la Vierge*. Cette dernière composition rappelle, par la beauté du sentiment et le charme de la couleur, le tableau de la *Mort de la Vierge*, qui a valu à cet artiste un beau succès au Salon de 1853 et qui a été acheté pour la chapelle du palais des Tuileries. M. Lazerges ne s'est pas borné à traiter des sujets de sainteté; nous avons vu de lui deux charmantes toiles : *Rêverie* et le *Printemps*. Dans cette allégorie, le Printemps est représenté par une jeune et belle femme nue, entourée de fleurs, de verdure, caressée par les zéphyrs et les amours qui voltigent autour d'elle. Cette toile est d'une grande fraîcheur de coloris, mais cette fraîcheur n'a rien de la fadeur du coloris de l'*Amour en Visite* de M. Hamon.

Il y a deux ans, en nous plaignant de la conti-
nuelle répétition de ces petites figures de convention, nous disions à M. Hamon « que nous
avions foi en son talent, qu'il saurait trouver
une variante même dans le néo-grec, en admet-
tant qu'il ne puisse quitter ce genre. » Hélas !
nous nous reprochons ce conseil, car ce gros
poupart rosé qui ne peut se tenir sur ces jam-
bes, nous fait regretter l'éternelle jeune fille de
ses compositions d'autrefois. Ce *fiasco* nous af-
flige, et nous engageons cet artiste distingué
à revenir à ses moutons, aux gracieuses compositions des précédentes Expositions, au néo-
grec, genre dans lequel il réussit, et dans lequel, il est vrai, plusieurs artistes l'ont surpassé
sous le rapport du dessin. Ainsi, cette année,
M. Aubert s'est montré plus sérieux dessinateur dans son charmant tableau : *Rêverie*, que la
Commission de la loterie s'est hâtée d'acheter
dans la crainte de se le voir enlever par quelque riche amateur. L'*Amour blessé*, de M. Bou-
gereau, placé auprès de l'*Amour en visite*, de
M. Hamon, nuit à ce dernier par la comparaison facile à faire et toute à l'avantage de la composition gracieuse de M. Bouguereau, dont
l'amour est joli, malicieux et svelte.

M. Curzon s'est également montré un charmant peintre dans sa *Psyché rapportant à Vénus la boîte que lui a donnée Proserpine.* C'est
une jolie étude de femme. La composition du
Tasse à Sorrante, par le même artiste, est
aussi rendue avec une grande vérité de
sentiment, de dessin et de couleur. Nous en dirons autant des deux tableaux de M. Hillemacher : *Boileau et son jardinier; — Molière consultant sa servante.* Ce dernier est d'un coloris

très vigoureux; la servante rit bien aux éclats
en écoutant la lecture de Molière. Le *Supplice
de Dolet, en* 1546, par M. Bailly, est encore une
composition bien comprise. Opprimus et plusieurs écoliers, profitant de ce que la foule force
le cortége à ralentir sa marche, désunissent su-
bitement l'enceinte formée par les soldats, et se
précipitent auprès du chariot : « Adieu, Dolet! »
s'écrie Opprimus en s'élançant sur les rayons de
la roue et s'élevant jusqu'à Dolet, qui lui serre
la main avec effusion et lui dit : « Ne pleure
» donc pas, enfant; vois comme je suis tran-
» quille; il est beau de mourir pour une belle
» cause, et c'est un bonheur que l'homme doit
» envier... » Il n'en dit pas plus; un soldat ar-
rache violemment Opprimus et le jette à terre.
Cette scène, malgré la difficulté qu'elle offrait,
est rendue sans confusion; l'effet général du
tableau est heureux et intéressant.

Si les peintures de M. Etex sont d'une laideur, d'une médiocrité incontestées, si celles de
M. Clésinger, quoique moins désagréables,
moins dépourvues de toutes qualités, sont cependant très faibles, n'est-ce pas un devoir que
d'engager ces deux sculpteurs à garder pour eux
leurs essais en peinture? Ils ne sont pas les seuls
sculpteurs qui s'amusent à peindre; nous avons
connu plusieurs statuaires académiciens qui se
livraient à ce délassement, mais ils avaient le
bon goût de ne pas exposer, comme des œuvres
sérieuses, des essais plus ou moins réussis. Espérons que l'accueil fait à l'*Ève* (629) et aux
deux paysages (630-631) de M. Clésinger; au
Christ prêchant sur le lac de Génézareth (1002),
au *Printemps*, à l'*Été*, à l'*Automne*, à l'*Hi-
ver* (1005 à 1006), à l'*Europe* (1007) et à l'*Afri-*

que (1008), de M. Etex, rendra plus modestes ces deux statuaires; espérons d'ailleurs qu'à l'avenir les récompenses obtenues en sculptures n'exempteront plus du jury de peinture, les tableaux envoyés par des sculpteurs, et ainsi de même pour les autres branches des beaux-arts.

Un très grand tableau qui, à coup sûr, aurait été refusé si son auteur, M. Glaize père, n'était, par ses récompenses, exempté du jury, c'est la *Distribution des Aigles par l'empereur Napoléon III, le 10 mai 1852*. On ne comprend pas qu'un artiste du talent de M. Glaize se soit égaré d'une manière aussi étrange, aussi complète. Ce qu'il y a de fâcheux, c'est que cette énorme caricature soit destinée au Musée de Versailles. Après avoir dit sincèrement notre opinion à M. Glaize père, nous applaudirons au début de son fils, M. Pierre-Paul-Léon Glaize, qui se présente pour la première fois aux Expositions, avec une grande composition, la *Trahison de Dalila*. Ce n'est pas une œuvre irréprochable, sous le rapport de la couleur surtout; mais quelques-unes des figures sont bien dessinées, les mouvements, les situations sont vrais; tous les personnages concourent bien à l'action principale. L'auteur de cette grande toile n'a que dix-sept ans, dit-on; il promet un bon peintre d'histoire s'il continue par des études sérieuses.

En face de la *Distribution des Aigles par l'Empereur*, se trouve une autre grande toile due au pinceau de M. Court. Elle a pour sujet : la *Commission du Musée Napoléon présentant à LL. MM. II., au palais de Saint-Cloud, les plans du Musée fondé à Amiens par l'Empereur*. Autant l'aspect du tableau de M. Glaize père est désagréable, autant celui de M. Court est satisfaisant. Tous les portraits sont très ressemblants et largement peints ; c'est une des meilleures peintures de cet artiste. Un autre tableau officiel, sagemet composé, c'est la *Rentrée dans Paris de S. A. I. le Prince Président, au retour de son voyage dans le midi de la France, en* 1852. On retrouve dans cette toile, commandée pour le musée de Versailles, les qualités sérieuses du talent de M. Larivière : dessin et couleur.

Parmi les autres tableaux destinés au musée historique de Versailles, nous citerons la *Charge des chasseurs d'Afrique au combat de Balaklava, le* 25 *octobre* 1854, peinte par M. Philippoteaux avec un élan tout français ; la *Prise de Tiguert-Hala, dans la Kabylie, par la division du général baron Renault, le* 24 *mai* 1857, composition de M. Decaen qui promet un peintre de bataille de plus ; deux *Combats de Kanghil, en Crimée, le* 29 *septembre* 1855, l'un par M. Couverchel, et l'autre par M. Beaucé. Ce dernier artiste, pour rendre les actions militaires avec plus de vérité, suit nos états-majors dans leurs expéditions. Après avoir fait ainsi les campagnes d'Algérie, de Crimée, le voilà maintenant en Italie, disposé à suivre tous les mouvements de l'armée, à reproduire sur la toile les mémorables faits d'armes de cette guerre de délivrance et d'indépendance italienne.

Les commandes destinées à la décoration des églises sont encore nombreuses cette année. M. le ministre d'État et M. le préfet de la Seine trouvent là un encouragement à donner à la grande peinture historique, et les artistes de notre époque pourraient s'y appliquer plus sérieusement s'ils avaient le bon esprit de se débarrasser de tout système, de toute coterie d'école. Un élève de M. Ingres, facile à reconnaître au ton gris et froid de sa couleur, M. Pichon, a exposé l'*Annonciation*, commandée par le ministre d'État, et *Saint Clément, pape, envoyant les premiers apôtres évangiliser les Gaules*, commandé par la ville de Paris pour l'église Saint-Séverin. Cette dernière composition a du style, les poses sont simples, le geste est noble. Le coloris de M. Duval-le-Camus est moins froid; il vise plus à l'effet de lumière et d'expression dans son grand tableau : *Jésus au Mont des Oliviers*, commandé par le ministre d'État. Une composition plus considérable, faite aussi pour le compte de l'État, *Saint Paul frappé de cécité sur la route de Damas*, est d'une couleur plus solide et d'un dessin plus ferme, plus arrêté. Son auteur, M. Cartillier, auquel, il y a deux ans, nous reprochions de n'être pas coloriste, a voulu nous prouver qu'il pouvait le devenir. En effet, il y a progrès. *Les Disciples d'Emmaüs*, sage composition, vigoureusement peinte par M. Dumas, pour l'église Saint-Louis-d'Antin, est bien préférable au *Baptême de Clovis* (496), grande toile commandée par le ministère à M. Rigo, qui réussit mieux les sujets militaires que la grande peinture historique où les nus et les draperies demandent du style. Malgré le talent que l'artiste a mis dans l'exécution de cette grande page, la couleur est d'un ton si froid, l'effet si monotone qu'on a peine à croire que c'est l'œuvre de l'auteur de cet autre tableau plus petit et plus vigoureusement touché : *Le Général en chef Canrobert venant* le matin, visiter une tranchée attaquée pendant la nuit par les *Russes*, distribue aux blessés des récompenses et des encouragements.

Quelques autres sujets religieux ont encore attiré notre attention : *Le Sermon sur la Montagne*, de M. Meynier, d'un coloris plein de fraîcheur ; la *Descente de Croix*, savamment composée par M. Hesse ; *la Vierge, Saint-Jean et la Madeleine au pied de la Croix*, d'un ton un peu noir, mais d'un bon sentiment, par M. Henry Scheffer ; *le Retour des Saintes Femmes après la mise au tombeau*, bien dessiné, bien composé par M. Legras, et le même sujet traité avec beaucoup de sentiment par un jeune artiste, M. Marius Abel. Il y a de l'abattement dans la pose de la Vierge, une expression de noble et profonde douleur sur ses traits. L'effet du crépuscule complète l'impression de mélancolie qu'inspire ce petit tableau

Nous ne terminerons pas notre revue de la peinture d'histoire et de genre historique sans nous arrêter quelques instants devant plusieurs charmants tableaux : celui de M. Caraud, représentant *les Demoiselles de Saint-Cyr (classe bleue), jouant Athalie devant Louis XIV, à Versailles*, est encore une des perles de l'Exposition achetée par la Commission de la loterie. Le mérite des sujets exposés par M. Comte est moins complet que ceux qu'il avait à la dernière Exposition. *Le Cardinal Richelieu et ses chats*, que nous préférons comme composition, manque cependant d'harmonie de ton. Il y en a davantage dans le second tableau : *Alain Chartier endormi recevant un baiser de Marguerite d'Ecosse*, mais l'exécution laisse à désirer. M. Devéria est toujours coloriste, comme le prouve ses deux tableaux : *Mort du Fils de la Sunamite*, et une scène de l'*Henri VIII* de Shakspeare ; M. Jacquand ne l'est pas moins en nous montrant *Pérugin peignant chez les moines, à Pérouze.* Des cinq tableaux de M. Heilburth, de Hambourg, nous préférons celui représentant *Lucos Signorelli, peintre florentin, contemplant son fils tué dans une rixe* ; la scène est bien disposée, les figures mieux dessinées. Le *Zeuxis* de M. Mottez est une jolie composition qui excite l'intérêt. Pline nous apprend qu'avant de travailler à sa Junon Lucinienne, dédiée par les Agrégentins au temple de cette déesse, Zeuxis obtint de voir leurs filles nues, parmi lesquelles il en choisit cinq pour copier ce qu'il y avait de plus beau en chacune et en former sa Junon. Ce sujet est traité avec convenance et avec talent ; l'artiste a su éviter le côté trivial qu'il offrait.

Fermée aux visiteurs pendant huit jours pour la permutation des tableaux qui a lieu habituellement vers le milieu de sa durée, l'Exposition a été rendue publique lundi dernier. Quelques toiles qui méritaient aussi une place au salon d'honneur, y sont venues occuper celles d'un certain nombre de peintures transportées, à leur tour, dans les galeries voisines. A la place du *Débarquement des troupes en Crimée,* peint par M. Barrias, on voit maintenant le second tableau de M. Yvon, qui, n'étant pas achevé, n'avait pu figurer encore à l'Exposition. Le fait d'armes que cet artiste a été chargé de représenter est encore un épisode de la prise de Sébastopol, le 8 septembre 1855 ; c'est *la Courtine de Malakoff*. La division du général Lamotterouge, s'étant élancée sur la courtine

qui relie Malakoff au Petit-Redan, envahit la seconde ligne de défense. Mais la mitraille écrasse
les têtes de colonnes de cette brave troupe, et,
pour répondre à l'artillerie russe, qui cause
dans nos rangs de si cruels ravages, l'ordre est
donnée au commandant Souty d'amener devant
la courtine les deux batteries du 10e régiment
qu'il commande. Les pièces traversent au ga-
lop le terrain effondré que labourent les projectiles, et engagent résolument une lutte héroïque, mais inégale, dans laquelle hommes, chevaux, affûts, caissons sont bientôt broyés par
les calibres supérieurs de l'ennemi. Cependant,
la division Dulac et les réserves de la garde
s'élancent pour la soutenir. C'est le bataillon
de chasseurs à pied de la garde, dont l'intrépide
commandant Cornulier de Lucinière est frappé
à mort en entraînant sa troupe ; ce sont les 1er
et 2o régiments de grenadiers de la garde, co-
lonels Blanchard et d'Altan, conduits par le général Mellinet, qui franchissent audacieusement
les épaulements de nos tranchées ; c'est le général de Failly, à la tête des voltigeurs de la
garde, colonel Montera, qui reçoit une blessure
mortelle.

M. Yvon a répondu, comme nous l'espérions,
aux attaques passionnées auxquelles son tableau,
la *Gorge de Malakoff*, que nous avons analysé
en commençant ce chapitre, a été en butte. L'air
circule partout dans cette mêlée; l'œil saisit
bien l'ensemble de l'action ; l'intérêt, répandu
partout, est cependant attiré plus particulièrement sur le personnage principal de la composition placé au centre du tableau : le général Bosquet, qui, dirigeant l'ensemble des attaques, est
atteint d'un éclat de bombe au flanc droit, un

peu au-dessous de l'épaule, sent ses forces trahir son courage. On l'emporte sur une civière; mais la pluie de projectiles est telle, que le fanion du général est brisé dans les mains du maréchal des logis Rigodit, et que, à plusieurs reprises, les porteurs du brancard sont tués. Ce groupe est palpitant d'intérêt; il exprime un sentiment inconnu dans les armées étrangères : il peint l'amour, l'affection du soldat. C'est qu'en France on n'achète pas ses grades, c'est que chacun doit les gagner sur le champ de bataille, c'est que les chefs partagent le danger et les privations du soldat, c'est que le général est véritablement le compagnon d'armes du soldat qui sacrifierait sa vie pour lui, comme ce zouave qui meurt en pressant la main du général Bosquet, dont il a si souvent apprécié le courage, et pour lequel il eût donné dix fois sa vie.

Cette grande toile, qui fait pendant à celle qui l'a précédée à l'Exposition, la *Gorge de Malakoff*, sera l'objet des critiques malveillantes, il faut que son auteur s'y attende. Le grand succès qu'il a obtenu au dernier Salon a excité l'envie, et la jalousie va le poursuivre comme elle a poursuivi Horace Vernet.

Ceux qui, par esprit d'opposition, ont le plus décrié les ouvrages de ce grand artiste vont le louer pour nuire à M. Yvon, comme si deux artistes, d'un mérite différent, ne pouvaient pas briller dans le même genre de peinture. Il en a été de même pour notre célèbre tragédienne Rachel; dans les derniers moments de sa vie, on lui opposait, on exhaltait, par dénigrement, le mérite de Mme Ristori, qui, depuis la mort de Rachel, a vu la vogue, le succès de

4

venir presque de l'indifférence, sans que son
talent ait été moins grand cette année qu'il n'était
il y a deux ou trois ans. Les qualités du mérite
de M. Yvon reposent sur des études sérieuses
et non sur telle niaiserie de métier, sur tel truc
à la mode ou en vogue; il pourra, comme tout
artiste, se montrer inférieur dans une composition qui l'aura moins inspiré, mais saura bientôt se montrer supérieur dans une autre.

III.

TABLEAUX DE GENRE.

Mme Henriette Browne. — MM. Hébert. — Curzon. —
Breton. — Luminais. — Brion. — Zo. — Knaus,
— Anker. — Henri Baron. — Cabanel. — Compte-
Calix. — Duverger. — Fichel. — Vetter. — Chevet.
— Guérard. — Girardet. — Bouvin. — A. Leleux.
— Toulmouche. — Trayer. — Castan. — Roenh. —
Plasson. — Landelle. — Hillemacher. — Vibert,
Brillouin. — Gendron. — Ruiperez.

Nous l'avons dit en commençant notre revue
du Salon, les tableaux de genre y sont encore,
comme aux années précédentes, très nombreux
et très remarquables. Quelques-uns sont traités
avec l'ampleur et la puissance de la grande peinture historique de l'École française. En tête de
ceux-ci, il faut placer les ouvrages de Mme
Henriette Browne, artiste du plus grand mérite, d'un talent si vrai, si réel, qu'il plaît à
tout le monde, à celui qui a la prétention de se
connaître en peinture, comme à celui qui dit :
« Ça me plaît parce que c'est beau, parce que
ça impressionne, ça parle, ça vit, » et aussi à
l'artiste impartial qui aime le choix et la vérité
dans l'imitation de la nature. Mme Henriette

Browne a représenté, sur une toile de grande dimension, deux *Sœurs de charité* : l'une tient sur ses genoux un enfant malade, enveloppé d'une chaude couverture de laine; elle le regarde avec intérêt, tout en consultant les pulsations du pouls du pauvre enfant, pâli, amaigri par la fièvre, abattu par des crises nerveuses; l'autre Sœur jette un regard inquiet sur ce jeune malade pour lequel elle prépare une potion calmante. Cette scène, simple, touchante, est saisissante d'effet ; elle est grassement et franchement peinte, d'un dessin et d'un modelé nature. Il n'y a pas jusqu'aux accessoires qui n'aient été traités en maître ; la couverture de laine est un véritable trompe-l'œil. Aussi cette admirable peinture a-t-elle été achetée pour la loterie et payée, dit-on, 12,000 francs par la commission. Que Mme Henriette Browne continue à marcher dans cette voie, qu'elle fasse toujours de la peinture pour tout le monde, c'est-à-dire de la peinture qui parle à tous par la simplicité, la vérité du sentiment et de l'exécution ; qu'elle ne consulte que la nature en résistant aux gens à système qui inventent une nature, qui font du bizarre, du hideux, en croyant faire du nouveau, de l'original ; qu'elle reste enfin l'interprète fidèle de la nature, et nous lui prédisons de nouveaux et plus grands succès encore aux prochaines Expositions.

Plusieurs petites toiles de cette artiste prouvent que son pinceau large et mâle sait devenir, au besoin, d'une grande finesse sans perdre de sa vigueur. Là *Toilette* est un petit tableau charmant de simplicité et de vérité : c'est une toute jeune fille qui habille son plus jeune frère. Mme Henriette Browne a encore un *Intérieur* et un *Portrait* sur lesquels nous reviendrons plus tard.

M. Hébert est un artiste de talent qui s'égare ou que la camaraderie égare par ses flatteries. Un certain charme de coloris ne suffit pas pour remplacer la vérité et intéresser, quand même cette manière paraîtrait nouvelle et serait à la mode. Des types laids, maladifs; des femmes, des enfants en haillons; des chairs jaunes, vertes, violettes, en décomposition; des figures tristes, silencieuses, indifférentes les unes aux autres, quoique réunies et groupées; une peinture riche de tons, mais délayée, confuse et comme effacée par la pluie ou par tout autre frottement : telles sont les qualités et les défauts des deux tableaux que M. Hébert a exposés sous ces titres : les *Cervarolles (Etats-Romains)* et *Rosa Nera à la fontaine*. Au premier aspect, ces tableaux attirent, mais l'examen de ces femmes inspire l'éloignement.

Il n'en est pas de même des compositions de M. Curzon, dont le coloris est un peu froid, le ton des chairs un peu rouge. Ses moindres sujets sont intéressants, ses types sont nature et bien choisis. La plus grande toile de cette artiste représente : *Une jeune Mère* (souvenir de Picinesca, royaume de Naples). Cette jeune mère est une belle Italienne qui file et regarde avec bonheur son enfant endormi. La manière large de cette peinture, le style qu'on trouve dans les grandes et petites toiles de M. Curzon, annoncent en lui un homme capable d'aborder avec succès la grande peinture historique, à laquelle nous espérons le voir se livrer bientôt. Son petit tableau acheté par la commission de la loterie nous plaît beaucoup : ces *Femmes de Mola di*

Guéte sont d'un dessin vrai, fin et joli. Nous aimons moins *la Moisson dans les Montagnes de Picinesca.*

M. Breton est un véritable peintre de genre; les scènes familières conviennent mieux à son talent que celles d'un sentiment élevé. Son meilleur tableau est certainement *le Rappel des Glaneuses.* L'effet de lumière du soleil couchant était favorable à la couleur toujours un peu grise, un peu monotone de cet artiste, qui rachète ce défaut par une parfaite entende de la composition et un dessin toujours vrai. Le groupe des glaneuses, qui occupe le centre du tableau, est très imposant; il y a de la noblesse dans la marche de ces trois paysannes qui rappellent, au souvenir, les moissonneurs de Léopold Robert. La *Plantation d'un Calvaire,* tableau acheté pour la loterie, est une composition bien ordonnée dont les physionomies semblent être autant de portraits. On croit connaître tous ces personnages tant ils sont nature. Mais c'est surtout cette autre petite toile, également achetée pour la loterie, qui a un cachet de vérité. Comme cette *couturière* est bien à son travail! Et cette scène de cabaret : — *Le Lundi,* — comme elle est vraie aussi! comme tous les personnages concourent bien à l'unité de l'action! Nous préférons de beaucoup cette scène de cabaret, de M. Breton, à cette autre *scène de cabaret,* d'un caractère ignoble, peinte par M. Luminais. Il y a plus de couleur, de fougue, dans cette dernière, mais les types sont affreux, repoussant, tandis qu'ils sont nature, mais sans laideur, dans le tableau de M. Breton. En fait de types bretons, nous aimons assez la *Porte d'Eglise pendant la messe en Bretagne,* par M.

Brion; ces paysans, qui se tiennent debout à la porte de l'église au lieu d'y entrer, ne sont pas laids. C'est une erreur que de croire qu'onreprésente mieux un homme du peuple en en faisant un cretin qu'en lui donnant le caractère mâle, énergique, qui convient au travailleur et à l'homme des champs, chez lesquels se trouvent développées les forces physiques qui font la beauté des formes. Nous avons encore remarqué, du même artiste, une composition pleine de sentiment; c'est : *Un Enterrement* (bords du Rhin).

La commission de la loterie a acheté encore *Une Halte de Contrebandiers espagnols*, par M. Zo. Cette petite toile est d'une couleur chaude, puissante, qui séduit; on se croirait sous le beau ciel de l'Andalousie. Les groupes sont heureusement disposés, les figures sont correctement dessinées, les femmes surtout sont jolies; ce sont de belles Espagnoles. Dans un autre chapitre, nous parlerons des deux aquarelles exposées par ce peintre.

Un peintre de genre, de l'école de Dusseldorf, dont nous avons eu occasion de louer le talent, M. Knaus, qui avait, au Salon de 1857, deux charmants tableaux, n'a exposé, cette année, qu'une seule toile : *la Cinquantaine*. Cette composition est d'un sentiment si vrai qu'elle attire la foule des visiteurs. Si nous en jugeons d'après les types et les costumes des personnages, la scène se passe dans la campagne du duché de Bade. La joie contenue, la gravité allemande des deux viellards qui dansent sous un vieux chêne, au milieu de leur famille et de leurs amis réunis; le bonheur de cette jeune femme, leur fille, qui allaite son enfant; la

gaîté bruyante des jeunes enfants, et le calme
imperturbable de ces gros Allemands qui fument
assis au pied du gros arbre, tout cela est rendu
avec une finesse d'observation parfaite et une
grande vérité de dessin. Rien de plus joli que
cette jeune mère et que ces blonds enfants ;
rien de plus séduisant, de plus harmonieux
que la couleur de ce délicieux tableau.

Le coloris brillant de M. Anker n'est pas le
seul point de ressemblance qu'il ait avec M.
Knaus ; il s'est montré aussi bon observateur,
aussi bon dessinateur dans le tableau qu'il a
exposé sous ce titre : *Une Ecole de Village dans
la Forêt-Noire.* Il y a là de charmantes têtes
d'enfants, d'une variété d'expression bien ap-
propriée à l'action ; le type du maître d'école a
le cachet d'originalité du métier ; il a été si
heureusement choisi, qu'on doit croire que l'artiste s'est glissé sournoisement dans un coin de
cette école de village, parmi les écoliers, pour
rendre cette scène intime avec autant de vérité.
— *La Fille de l'Hôtesse,* grande toile du même
artiste, prouve, une fois de plus, la puissance de
sa couleur et la science de son dessin. Mais
cette composition, tirée d'une ballade de Uh-
land, est moins complète que la première.

Puisque nous parlons de coloristes, citons
l'*Entrée d'un Cabaret vénitien où les maîtres
peintres allaient fêter leur patron saint Luc.*
M. Henri Baron s'est montré à la hauteur de
son sujet, il s'est fait peintre vénitien ; il a mis
dans cette petite toile l'éclat, la vigueur, le
charme de la couleur, la richesse de la mise en
scène, l'action et le mouvement, toutes les qualités qui distinguent les maîtres de l'école vénitienne. Nous lui reprocherons cependant d'a-

voir négligé un peu le dessin de quelques-unes des figures. — Citons *la Veuve du Maître de Chapelle*, d'un effet de lumière savamment combiné et parfaitement en harmonie avec ce sujet. M. Cabanel y a mis un sentiment tout artistique. L'expression de douleur de la veuve du maître de chapelle est navrante ; il y a des larmes dans son regard, en entendant exécuter, sur l'orgue, par ses enfants, le meilleur orato-rio, le dernier morceau composé par l'artiste qu'elle pleure, par le père chéri de ses enfants, par l'époux adoré qu'elle a perdu ; ces figures sont jolies, d'un dessin fin, élégant. — *Le Chant du Rossignol*, composition gracieuse qui représente de jeunes et belles personnes écou-tant en silence, la nuit, dans le parc du châ-teau, par un magnifique clair de lune, le chant du rossignol. Cette peinture, de M. Compte-Calix, est pleine de poésie ; elle fait rêver, elle rappelle de doux souvenirs de la vie de château. —Citons aussi l'*Hospitalité*, petit tableau de M. Duverger, qui a été acheté par la loterie et qui est encore une peinture de la vie des champs. Une dame surprise, pendant sa promenade, par la pluie et l'orage, vient demander à s'abriter chez un brave paysan qui l'accueille de son mieux. Cette scène si simple intéresse par la vérité avec laquelle elle est rendue; elle séduit par la finesse du dessin et la vigueur du coloris.

La commission de la loterie, qui a fait preuve d'infiniment de goût dans ses choix, a acheté un tableau très finement touché par M. Fichel, un des plus intelligents peintres de l'école Meis-sonnier. *Le Déjeûner*, tel est le titre du tout petit cadre dans lequel l'artiste nous montre un célibataire admirant, avant de le déguster, le

ton chaud et doré d'un vin blanc d'Espagne.
Ses autres très petites toiles, d'une grande finesse,
sont : *Des Amateurs dans un atelier de Peintre*;
Un Café de province au XVIIIᵉ siècle; *Une Bibliothèque d'Estampes*; *Un Fumeur*; *Un Gentilhomme de garde*, et le portrait de M. Louis
Monrose, de la Comédie-Française. — De ce
genre miniature à l'huile, nous devons signaler
le *Départ pour la promenade*, par M. Vetter,
d'une touche plus franche, plus hardie sans
être moins délicate. Ce jeune seigneur, qui met
ses gants en se mirant, est fièrement campé; la
satisfaction règne sur ses traits; ce beau garçon
est content de lui. Enfin, M. Chevet, le plus
habile de l'école Meissonnier, a exposé six très
petites toiles, parmi lesquels nous avons remarqué tout particulièrement *Un Peintre regardant
son tableau dans un miroir noir*. C'est un petit
chef-d'œuvre de dessin et de couleur.

Nous avons encore à parler de quelques peintres de genre d'une école plus originale, d'un
pinceau plus large, plus franc. *Une Messe du
matin à Monterfil (Ille-et-Vilaine)*, par M. Guérard, est une peinture aussi vraie, aussi naïvement vraie que l'*Ecole de Village* de M. Anker
Nous aimons encore du même artiste : *Vive la
Fermière! (la Parbutte)*; *Fête après le battage
des Grains (Ille-et-Vilaine)*. La physionomie de
cette bonne fermière, qu'on porte en triomphe,
est vraiment heureuse, et l'on éprouve du plaisir en voyant l'entrain joyeux des groupes qui
la suivent en chantant et en dansant. La couleur de ce tableau a beaucoup d'éclat et de fraîcheur, trop de fraîcheur peut-être pour des teints
hâlés par le soleil des champs. — Nous adresserons le même reproche au tableau de M.

Edouard Girardet : *Noce de Village,* gracieuse composition d'un ton par trop rosé.

La peinture de M. Bouvin est plus solide, plus vraie. Il entend à merveille l'effet de clair-obscur. *La Lettre de recommandation* est, sous ce rapport, un vrai trompe-l'œil. La tête de la sœur abbesse, qui lit la lettre, est un portrait plein de finesse et de bonhomie qui contraste avec la raideur des deux novices. En tête des autres tableaux du même peintre, nous plaçons *la Ravaudeuse,* type on ne peut plus vrai. Puis vient *le Liseur* et l'*Intérieur de Cuisine.*

M. Armand Leleux est également un peintre des scènes familières de la vie, qu'il rend avec un sentiment vrai. C'est en Suisse que cet artiste est allé chercher les sujets des tableaux qu'il a exposés. Les deux meilleurs sont, à notre avis : *la Leçon de Couture (intérieur suisse),* et *Faits divers (intérieur suisse).* Ce dernier, qui a été acheté par la loterie, est une composition pleine d'intérêt. — La commission de la loterie a aussi acheté à M. Toulmouche un charmant petit tableau d'un sentiment délicat et d'une exécution irréprochable. C'est une mère faisant dire *la leçon* à sa jeune fille. On retrouve le même charme de coloris, la même finesse de modelé dans les deux autres toiles : *la Prière* et *le Château de Cartes.*

Il nous est impossible d'analyser tous les tableaux de genre qui mériteraient de l'être; le nombre en est trop grand. Nous ne pouvons cependant terminer ce chapitre sans mentionner *la Famille, époque des vacances,* par M. Trayer; — *Une Mère allaitant son enfant après le bain,* par M. Castan; — *Travail et Lecture,* par M. Roehn; — *Eva,* par M. Plasson; — *Les Deux*

Sœurs, costume d'Alvito, par M. Landelle; — *La Prière du matin* et *la Partie de Billard,* par M. Hillemacher; — *Une Visite domiciliaire sous la Terreur,* par M. Vibert; — *Amateurs de Peinture en visite,* par M. Brillouin; — *L'Amour de l'Art* et *la Délivrance,* par M. Gendron; — *Un Philosophe et un Novice de l'ordre de Saint-François,* par M. Ruiperez; ce dernier tableau est acquis pour la loterie de l'Exposition.

IV.

PORTRAITS.

MM. H. Flandrin. — P. Flandrin. — Mme Browne. — Hébert. — Baudry. — Ricard. — Lazerges. — Robert. — Winterhaltter. — Dubufe fils. — Lehmann. — Landelle. — Cabanel. — Muller. — Motet. — E. Giraud. — Bonnegrace. — Scheffer (Henri). — Bin. — Mme Schneider. — Madrazo. — Jobbé-Duval. — Pils. — Schopin. — Louis Boulanger. — Mme O'Connel. — Mlle Léonie Lescuyer. — Va'adon. — Glaize père.

Les portraits sont encore nombreux à l'Exposition de 1859, mais on les a disséminés avec tant de tact dans les salles et les galeries, que le regard du visiteur en est moins fatigué qu'aux années précédentes. Pourtant, il y a là beaucoup de types laids, de physionomies insignifiantes, de poses prétentieuses, de toilettes ridicules, qui ont dû faire la désolation de l'artiste condamné à peindre de pareilles choses. Ce sont la vanité et la sottise peintes d'après nature; c'est la preuve nouvelle que, malgré le progrès de la civilisation, le goût n'a pu pénétrer partout, et que cette anecdote, que nous empruntons à Diderot, sera vraie longtemps

encore : « Un jeune homme fut consulté sur
la manière dont il voulait qu'on peignît son
père. C'était un ouvrier en fer. — « Mettez-
» lui, dit-il, son habit de travail, son bonnet de
» forge, son tablier ; que je le voie à son établi
» avec un ouvrage à la main, qu'il éprouve ou
» qu'il repasse, et surtout n'oubliez pas de lui
» faire mettre ses lunettes sur le nez. » Ce
projet ne fut pas suivi ; on lui envoya un beau
portrait de son père, en pied, avec une belle
perruque, un bel habit, de beaux bas, une belle
tabatière à la main. Le jeune homme, qui avait
du goût et de la vérité dans le caractère, dit à
sa famille en la remerciant : « Vous n'avez rien
» fait qui vaille, ni vous ni le peintre ; je vous
» avais demandé mon père de tous les jours,
» vous ne m'avez envoyé que mon père de tous
» les dimanches. »

De tous temps les maîtres de la grande peinture historique, de la peinture monumentale,
ont été en même temps les plus grands peintres de portraits. Les chefs-d'œuvre de Raphaël,
Titien, Murillo, Velasquez, Rubens, Van Dyck,
et bien d'autres, chez les anciens ; de David,
Gros, Gérard, Ingres, H. Vernet, Paul Delaroche, et d'autres peintres modernes, l'attestent
d'une manière irrécusable. Pour qu'un portrait
frappe l'attention, il ne suffit pas qu'il soit ressemblant, il faut qu'il vive par la physionono-
mie, il faut que le talent de peintre et de dessinateur s'y trouve réuni à ce degré de supériorité qu'on ne rencontre guère que chez les
meilleurs peintres d'histoire.

Nous en trouvons des exemples à l'Exposition
actuelle. M. Hippolyte Flandrin, l'auteur des
resques de Saint-Vincent-de-Paule et de Saint-

Germain-des-Prés, a exposé trois portraits qui ont un mérite tellement réel, que les artistes des diverses écoles les proclament au-dessus de tous ceux qui figurent au Salon. Cependant, à en juger au fini extrême de la peinture de M. H. Flandrin, on se dit que ce travail de patience doit fatiguer la personne qui pose et qui doit poser si souvent, si longtemps, que l'ennui devrait décomposer les traits de la physionomie. Certes, ce serait là un écueil pour un artiste ordinaire, mais non pour un talent comme celui de M. H. Flandrin. Le portrait de Mme S... vêtue d'une robe de satin noir, le bras droit accoudé sur le dossier d'un fauteuil, est vivant; le regard est sympathique, la pose gracieuse; les bras, les mains sont dessinés et peints avec une pureté, une finesse de modelé telles qu'on dirait de la chair. Ce tableau est tout simplement un chef-d'œuvre digne des plus grands maîtres. Les portraits de Mlles M..., qui probablement sont deux sœurs, ont également ment droits aux plus grands éloges. Celui où la jeune personne tient un coffret en ivoire est touché plus hardiment que les deux précédents, et celui de l'autre jeune personne, ayant un œillet à la main, est d'un dessin si vrai, si correct, d'une expression si naturelle qu'on dirait qu'elle va parler.

Il est des familles si heureusement partagées, que le talent semble échu à chacun de ses membres comme un droit de naissance. Nous venons de mentionner les œuvres de M. Hippolyte Flandrin, le peintre d'histoire et de portraits, maintenant nous avons à parler de M. Paul Flandrin, qui ne se borne pas à être un grand paysagiste, mais qui s'est fait, lui

aussi, un de nos meilleurs portraitistes. Il y a de
si grands rapports entre ses portraits et ceux de
son frère que la plupart des visiteurs les lui at-
tribuent. Cette similitude est très sensible dans
le portrait de Mme B... tant pour la pureté du
dessin, la finesse du modelé, que pour le coloris
qui pourtant est un peu plus noir.

Un des portraits les plus vivants, les plus
franchement faits, les plus grassement modelés,
c'est le portrait de M. de G., peint par Mme
Henriette Browne, avec cette couleur puissante,
chaleureuse, que nous avons déjà signalée dans
un précédent chapitre. A la hardiesse avec laquelle ce tableau est touché, personne ne le
croirait l'œuvre d'une femme, d'une femme du
monde, qui se cache, assure-t-on, sous un
pseudonyme. Pourquoi se cacher lorsqu'on a
le front ceint d'une auréole de gloire? Est-ce
modestie? Mais, à une renommée aussi bien
acquise, la modestie est *au moins* inutile. Est-
ce vanité, préjugé aristocratique? Mais y a-t-il
une meilleure, une plus grande noblesse que
celle du mérite? Quel est le noble de naissance
qui ne serait glorieux d'avoir produit les chefs-
d'œuvre de Raphaël, de Michel-Ange, de Pierre
Corneille, d'avoir pris Malakoff ou vaincu les
Autrichiens à Magenta? Non, de mesquins
préjugés de société sont incompatibles avec une
nature aussi élevée: on n'est pas artiste sans
aimer la gloire, et quand on aime la gloire, on
met le mérite au-dessus des hasards de la naissance; on est bien autrement fier de la renommée conquise qu'on ne l'est d'un nom de famille,
tel ancien qu'il soit. Les motifs d'incognito de
l'éminente artiste qui se fait appeler *Henriette
Browne*, nous les devinons sans peine. Sa posi-

tion dans le monde l'obligeait à ne s'y montrer artiste qu'avec une célébrité solidement établie ; elle a donc, avant tout, voulu acquérir un renom. Nous ne pouvons qu'applaudir à une conduite aussi sage et à un succès aussi complet.

Si M. Flandrin, si Mme Henriette Browne ne sacrifient aucune partie dans un tableau, si tout y est étudié, terminé, sans nuire à l'effet général, il n'en est pas de même pour M. Hébert qui a pour système de sacrifier tout ce qui s'éloigne du centre de la toile ; cela facilite, contribue à l'effet, mais c'est tourner la difficulté et non la vaincre. Le difficile est d'obtenir un fini sans détruire l'harmonie de l'effet, sans éteindre la verve de pinceau qu'on met dans une ébauche. Dans le portrait de Mme la marquise de L..., la lumière, l'étude sont données à la tête qui est, du reste, très remarquable sous le rapport du coloris et de l'expression ; mais tout le reste, les vêtements et les mains, est entièrement sacrifié, à peine indiqué, et comme enveloppé d'un nuage de suie.

M. Baudry appartient au même système, non à la même école ; il sacrifie beaucoup dans ses portraits. Une dame qui regardait le portrait d'enfant exposé sous le titre de *Guillemette*, demandait à son mari pourquoi l'artiste n'avait pas achevé cette peinture? — Parce qu'il en a été empêché par la mort, lui fut-il répondu ; c'est l'œuvre dernière de Benouville, jeune artiste que nous venons de perdre il y a quelques mois. — Alors, mon ami, je comprends que le jury ait admis cette peinture à peine ébauchée. » Cette confusion a eu lieu pour beaucoup de

monde, et le simple **B.** de la signature n'a pu
que confirmer, dans cette idée, ceux qui ne pre-
naient pas le temps de consulter le livret. Si
la demande avait été adressée directement à
l'auteur, à **M.** Baudry, il eût sans doute répondu, avec bonne foi : — « Je ne finis pas, parce
que cela est trop difficile; parce que je détrui-
rais les qualités qui font de ce rien quelque
chose. » C'est surtout le langage de la camaraderie, de la flatterie qui entraîne l'artiste dans
cette voie : — « Pour l'amour de Dieu, arrêtez-
vous, lui dit-on; plus un coup de pinceau ou
vous gâtez ce petit chef-d'œuvre ! c'est admirable, admirable, mon cher ! » Cependant, il
nous semble que ,pour avoir terminé un peu
plus le *portrait de M. le baron Jard-Panvil-*
lier, M. Baudry n'a rien gâté; il y a, au
contraire, dans cette œuvre, la vie en plus, et
personne ne dira pour ce portrait : « — C'est
dommage que ce ne soit qu'une ébauche; il eût
été bien beau, achevé. »

Parmi les portraits de **M.** Ricard, nous en
remarquons plusieurs qui semblent encore à
l'état d'ébauche : ainsi, la manche et la main
du *Portrait de Mlle L. S...* sont à peine indi-
qués; celui que nous préférons des huit portraits de cet artiste, c'est le *Portrait de Mme E...*;
le modelé est toujours un peu vague, mais la
couleur est d'une harmonie qui séduit le regard. Plus consciencieusement modelé , plus
finement peint et tout aussi séduisant, le *Por-*
trait de M. le comte de V..., par M. Lazerges,
est un des plus beaux du Salon. Nous en dirons
autant du *Portrait de M. le comte de Morny*,
d'une grande ressemblance, peint par M. Robert,
artiste belge.

Mais les portraitistes qui ont le mérite de séduire plus particulièrement les visiteurs, c'est d'abord M. Winterhalter, la palette la plus chatoyante des peintres modernes. Son portrait en pied de cette belle et jeune princesse, en robe de soie aventurine, est d'une richesse de ton dont cet artiste a seul le secret. J'entends dire que cette couleur n'est pas toujours vraie. C'est possible; elle est au moins aussi vraie que celle de certains coloristes dont la couleur, sans être plus vraie, a le désavantage de déplaire par des tons sales et des carnations flétries ou maladives. — Puis, M. Dubufe fils, autre charmeur, aux tons dorés, nacrés, diaphanes, le peintre par excellence des grandes dames, des robes de soie, des écharpes de gaze, des plumes et des lambris dorés, luxe qu'il aime et qu'il imite dans la perfection, sans négliger l'étude de la figure qu'il rend toujours gracieuse. Les cinq jolis portraits qu'il a exposés sont d'un dessin élégant; celui de *Mme la comtesse de R...* est surtout très remarquable. — Ensuite, MM. H. Lehmann, Landelle, Cabanel, qui se distinguent aussi par le goût et le fini qu'ils apportent dans leurs peintures. M. Lehmann a exposé six portraits, parmi lesquels nous signalerons celui de *Mlle J.-M. d'O...*, représentée appuyée sur le dossier d'une chaise, et dont le raccourci de la main droite est bien réussi. Nous signalerons encore le très remarquable *Portrait de Mme ****, par M. Cabanel, et celui de *Mme P. F...*, par M. Landelle.

Le pinceau plus mâle, plus sérieux de **M.** Muller, a peint, avec une sobriété de détails, une sévérité de tons convenables, le *Portrait de la Supérieure des Filles de la Compassion.*

Cette peinture large et solide nous rappelle le
beau *Portrait du Frère Philippe*, par Horace
Vernet. Un portrait d'une vérité de modelé,
comme on en rencontre rarement, c'est cette
Tête de vieillard peinte par M. Matet, et inscrite
au Livret sous le n° 2115; ce n'est pas de la
peinture, c'est la nature même. Un autre portrait bien vivant est celui de *M. l'abbé Moret*,
chanoine de Saint-Denis, directeur de l'OEuvre
des Jeunes Incurables, fondée par S. A. I. Mme
la princesse Mathilde. Cette toile, de M. E. Giraud, est d'une couleur très vigoureuse; les
figures sortent du cadre. Le *Portrait de M.
Louis Jourdan*, du *Siècle*, est une excellente
peinture de M. Bonnegrace; la physionomie du
spirituel et profond écrivain a été parfaitement
saisie. La ressemblance de *M. le docteur Chur-
chill* est aussi très grande dans le portrait peint
par M. Henri Scheffer, le digne frère du grand
peintre de ce nom, dont tout Paris court admirer les œuvres réunies, en ce moment, dans une
exposition particulière faite au profit de la caisse
des artistes.

Les portraits en pied ne sont pas très nombreux; nous ne nous arrêterons qu'à trois
d'entre eux. Celui de S. Exc. le maréchal comte
de Castellane, commandé pour le musée de
Versailles, à M. Bin, est une bonne peinture
qui occupera bien sa place dans cette galerie
qui compte de si beaux portraits. Le portrait
en pied de Mme la marquise de D..., exposé
par Mme Schneider, est remarquable par l'harmonie générale de l'effet, la vigueur du coloris,
la noblesse de la pose et le goût de l'agencement. Nous adresserons les mêmes éloges au
portrait de Mme A..., peint par M. Madrazo,

qui a encore exposé deux beaux portraits : l'un de S. A. l'infante dona Josefa, l'autre de Mgr. Guëll y Renté, époux de S. A. l'infante Josefa.

L'un de nos bons peintres d'histoire, M. Jobbé-Duval, occupé à décorer de quatre sujets la chapelle Saint-Charles-Borromée à l'église Saint-Séverin, et de deux autres sujets la chapelle Saint-Denis à l'église Saint-Sulpice, n'a pu envoyer que trois portraits très largement peints. M. Pils a également deux portraits touchés avec la hardiesse qu'on lui connaît. Le portrait de Mme O... est une gracieuse peinture de M. Schopin. ainsi que le portrait de femme, par M. Louis Boulanger, qui a encore le portrait de M. Dumas, et celui de M. Granier de Cassagnac, tous deux ressemblants. Des portraits non moins ressemblants sont ceux de M. Edmond Texier, le spirituel rédacteur du *Siècle*, et de M. Charles-Edmond L... peints par Mme O'Connel; celui de Mme D... par Mlle Léonie Lescuyer, et ceux de deux jeunes artistes par M. Valadon.

Nous avons dit franchement notre opinion sur le tableau de M. Glaize père : *la Distribution des aigles par l'Empereur, le 10 mai 1852.* Nous avions le droit de nous montrer d'autant plus sévère envers cette œuvre incroyable, que nous n'avons laissé échapper aucune occasion de faire ressortir le talent de cet artiste, et nous voulons, en terminant ce chapitre, rendre hommage au mérite de son *portrait de M. Louis Figuier*. C'est une tête pleine d'expression, dans laquelle nous retrouvons les belles qualités de coloriste et de dessinateur que nous aimions dans M. Glaize père.

V.

INTÉRIEURS, PAYSAGES, ANIMAUX, MARINES,

FLEURS ET NATURES MORTES.

MM. Troyon. — Aug. Bonheur. — Marck. — Palizzi.
— Rodolphe Lehmann. — Jadin. — Balleroy. — Mlle
Léonie Lescuyer. — MM. Dubuisson. — D'Haussy.
— Salmon. — P. Rousseau. — T. Rousseau. — Knyff.
— Daubigny. — Besson. — Lapierre. — Leroux. —
K. Girardet. — Cabat. — Anastasie. — André. —
P. Flandrin. — Corot. — A. de Dreux. — Laugée. —
Capelle. — Degand. — Baudit. — Lavieille. — Lamo-
rinière. — Harpignies. — Hédouin. — Hanoteau. —
Desjobert. — Justin Ouvrié.

Si, aux yeux de quelques-uns de nos confrères,
les œuvres de MM. Yvon, Gérôme, Muller, Curzon, Lazerges, Bouguereau, Pichon, Lévy, Mazerolle, Henriette Brown, sont des toiles indignes de soutenir la réputation de notre école de
peinture historique, opinion que nous sommes
bien loin de partager, il est un point sur lequel
nous sommes parfaitement d'accord avec eux,
c'est qu'à aucune époque on n'a mieux fait le
paysage et les animaux; c'est qu'à aucun Salon
on n'en a vu d'aussi remarquables et en aussi
grand nombre

Quoi de plus admirable que l'exposition de
M. Troyon? où rencontrer quelque chose de plus
vraie et de mieux peint? quel délicieux paysage
que cette *Vue des hauteurs de Suresne (Seine-et-
Oise)!* l'œil aime à se promener dans cette belle
vallée, animée par des bestiaux qu'un jeune

paysan a peine à surveiller, tant la richesse du pâturage semble réjouir ces animaux qui se répandent un peu partout. Cette grande toile est admirable de couleur; les fonds sont fins, légers, sans être sacrifiés. Dans *le Départ pour le Marché*, l'effet est encore plus saisissant; c'est la nature qui s'éveille. Le soleil perce de ses rayons les fraîches vapeurs de la terre; on sent l'humidité de la rosée, on voit l'haleine des bestiaux : l'illusion est complète. La température change dans *le Retour à la Ferme*; le soleil décline, mais ses derniers rayons dorent encore la campagne; c'est la fin d'une belle journée, c'est le calme de la nuit qui commence; c'est l'heure du repos pour la nature comme pour l'homme des champs. Après avoir passé des heures à contempler les six tableaux de M. Troyon, on ne sait ce qu'on doit admirer le plus, des animaux ou du paysage, car paysage et animaux sont rendus avec un charme, une vérité que personne n'a réussit à un si haut degré. Connaît-on une peinture plus sérieusement belle, plus vraie, plus vivante que cette grande *Elude de Chien?* On lit dans son regard qu'il est fier d'avoir saisi la perdrix qu'il tient dans sa gueule et qu'il offre tout joyeux à son maître. Nous ne connaissons rien d'aussi complet.

M. Auguste Bonheur, le frère de Rosa Bonheur, est un peintre qui réussit avec talent les animaux et le paysage. Sa couleur est solide et brillante tout à la fois; son pinceau est plus ferme, plus hardi que celui de sa sœur. Son *Troupeau de Vaches, souvenirs des Pyrénées*, acheté pour la loterie, et l'*Abreuvoir, souvenir de Bretagne*, sont deux charmants tableaux. Une autre jolie toile a été acheté aussi pour la lo-

terie à M. Marck; c'est un paysage avec animaux dans la saison d'automne. On sent au
fini et à certains tons que M. Marck a l'habitude
de peindre sur porcelaine et qu'il a été élève de
M. Troyon.

Le plus grand paysage avec animaux parmi
ceux exposés et peut-être parmi tous ceux qui
ont été faits jusqu'à ce jour, c'est *la Traite des
Veaux dans la vallée de Touque (Normandie)*,
par M. Palizzi, l'émule et non l'imitateur de
M. Troyon, dont il diffère surtout par la couleur. Il vise à l'effet, tient à séduire par l'éclat
et la fraîcheur, tout en restant dans le vrai.
Aussi, cette grande toile est-elle resplendissante
de lumière, de soleil; on croit sentir la chaleur
suffoquante de l'air chaud dans cette vaste plaine
où arrivent de tous côtés des veaux pour la traite
ou la foire qui s'y tient. M. Palizzi nous a prouvé
qu'il savait surmonter les difficultés, qu'il pei-
gnait avec la même supériorité les figures, le
paysage et les animaux. C'est un mérite dont
M. Rodolphe Lehmann nous donne également
la preuve dans son tableau intitulé : *les Marais
pontins*. Une barque, chargée de fruits et de
maïs, glisse lentement sur l'eau d'une rivière
bourbeuse, qu'un troupeau de buffles sillonne
en tous sens afin d'en enlever les herbes épaisses
qui l'obstruaient. Au loin, l'horizon est borné
par le mont Avic. Quelques-uns des personnages couchés sur la barque ont de ces beaux
types qu'on rencontre dans la campagne en
Italie.

MM. Jadin et Balleroy sont deux peintres qui
réussissent les scènes de chasse, et entre les tableaux desquels il existe la même différence
qu'entre ceux de MM. Troyon et Palizzi : la cou-

leur de M. Jadin est vigoureuse, son exécution
franche, mais un peu lâchée; le coloris de M.
Balleroy est frais et le modelé soigné dans ses
moindres détails. *Le Départ d'une meute de
Chiens pour un rendez-vous de chasse* est le
meilleur des cinq tableaux exposés par cet artiste. Dans les sept envois de M. Jadin,
nous signalerons surtout: *Merveillou, Rocador,
Chiens d'attaque de la vénerie de l'Empereur*, et
Pas commode, le plus chaleureusement peint.
— Mlle Léonie Lescuyer a aussi un pinceau
large et ferme; elle peint les chevaux avec une
vigueur de ton qu'on rencontre rarement chez
les dames peintres. Deux de ses tableaux: *Un
mot en passant* et l'*Abreuvoir* sont d'une couleur
puissante et d'un effet charmant. Les chevaux
de poste, dans le tableau de M. Dubuisson,
sont d'un ton moins chaleureux, mais ils sont
savamment dessinés. Le soleil éclaire bien la
Cour de Ferme, de M. d'Haussy; les poules et
le coq sont finement touchés, ainsi que les accessoires du premier plan. Les arbres sont moins
bien réussis.

Avant de passer à l'examen des paysages les
plus remarquables de l'Exposition, signalons la
Gardeuse de Dindons, jolie peinture de M. Salmon, et le grand tableau : *Un jour de gala*, par
M. Philippe Rousseau. Tout est étudié, tout
est consciencieusement peint dans cette toile,
mais les trop nombreux détails nuisent à l'effet
général du tableau, y jettent un peu de confusion. — Son homonyme ou son parent. M. T.
Rousseau, est un paysagiste distingué; son coloris est quelquefois monotone, comme dans
son tableau des *Bords de la Sèvres*, mais il re-
prend parfois de l'éclat comme dans celui du

Bornage du Barbison (forêt de Fontainebleau), dont les plans sont plus nettement accusés, les arbres plus franchement touchés.

Aucun des paysagistes exposants n'a ni la puissance de couleur, ni la vigueur du modelé, ni la finesse, la vérité de détails des tableaux de M. Knyff. *Le Marais de la Campine* et les *Souvenirs du château de Petershiem,* achetés pour la loterie, sont d'un effet saisissant; les arbres, les feuilles, les herbes, les accidents de terrains, semblent en relief et augmentent l'effet sans nuire à l'harmonie, et cela à un degré de perfection qui produit l'illusion. Rien de vague, rien de sacrifié, et pourtant l'effet est harmonieux, irréprochable. M. Knyff n'est pas un artiste à système; il ne voit pas la nature en myope, avec les yeux d'un homme épuisé et chétif; il la voit avec des yeux sains, pénétrants, avec les yeux d'un homme en bonne santé et solidement constitué. Au contraire, M. Daubigny aime le vague, il ferme les yeux à moitié pour regarder et voir la nature comme à travers un voile léger. Aussi ses paysages demandent-ils à être vus à distance pour produire leurs délicieux effets. Le plus ravissant des cinq tableaux de ce charmant peintre, c'est, à notre avis, celui dans lequel il a reproduit *les Bords de l'Oise.*

Moins vague dans l'exécution et plus fins de ton, le grand paysage de M. Français peut être vu de près ou de loin, sans perdre aucune de ses qualités. Regardé de loin, ce grand tableau est très harmonieux, et, en s'en approchant, on trouve tous les détails soigneusement étudiés. C'est là une nouvelle preuve que le fini, quand on sait l'atteindre sans détruire la vigueur et l'harmonie, est la perfection des œuvres d'art.

C'est ce que cherche M. Busson, élève de M. Français. Ses deux paysages des Landes sont d'une grande fraîcheur de coloris; les lointains de celui aux trois arbres sont très fins de tons. *La Forêt au Printemps* est peinte dans les mêmes données par M. Lapierre; finesse et vérité. Il en est de même des *Marais de la Charbière au mois de juin*, jolie petite toile de M. Leroux, achetée pour la loterie, et de la vue prise sur les bords de l'Eure, par M. Girardet, qui a mis là toute la fraîcheur et la délicatesse de son pinceau.

M. Cabat n'a qu'un paysage, mais il est d'un effet on ne peut plus poétique : c'est un *Etang des Bois*, éclairé par un soleil couchant. Un coloriste non moins séduisant, c'est M. Anastasie; son *Groupe de Chênes en automne* est d'une vigueur peu commune. Le plus grand des tableaux de M. André, sa *Vue de la Bonnieure, à Puyreaux*, est aussi d'un aspect agréable pour la couleur et le rendu. Mais ces diverses toiles n'ont pas les grandes lignes des paysages historiques de M. Paul Flandrin; on retrouve ce grand aspect dans deux des ouvrages qu'il a au Salon : *les Environs de Marseille*.

Il y a un très grand progrès dans l'exécution des figures qui animent le paysage. On sait qu'autrefois la majorité des paysagistes faisaient peindre les figures de leurs tableaux, tant ils étaient incapables de les dessiner. Quelques-unes des toiles de M. Corot sont là pour attester cette impuissance regrettable; nous engageons cet artiste à s'en tenir au paysage. Il n'en est pas de même de M. A. de Dreux qui a peint, avec le même talent, le paysage et les figures de son tableau : *le Retour de la Chasse.*

La couleur dn tableau de M. Laugée est moins
chatoyante, mais elle est plus vraie et ses figures sont bien plus nature dans son tableau : *le
Goûter des cueilleuses d'œillettes, en Picardie*,
acheté pour la loterie. Uue peinture qui étonne
par la vigueur de l'effet de lumière et par la
naïveté de son exécution, c'est le tableau acheté
pour la loterie et inscrit au livret sous ce titre :
Avant la Messe ; cette peinture de M. Capelle
a la netteté, le découpé des ombres et des clairs
d'une image daguerréenne. Nous aimons mieux
le *Campement de nomades dans la plaine d'El-
Outaïa et le Marabout Sidi-Barkate, aux environs de Biskra (Sahara)*, par M. Degand, c'est
plus artistique ; les personnages sont bien grou-
pés, bien dessinés, et la couleur est locale. —
Un des paysages les plus saisissants, les plus
sympathiques, c'est celui acheté pour la loterie
à M. Baudit, représentant un prêtre traversant
la campagne, la nuit, par la pluie, suivi d'un
seul enfant de chœur, pour aller porter *le Viatique* au moribond qui habite cette chaumière
bretonne qu'on aperçoit éclairée dans le loin-
tain du tableau. La Commission de la loterie
a encore acheté un paysage d'une vérité de ton
et de détails très intéressants : *l'Etang et la Ferme de Bourcq*, par M. Lavieille, et un autre
paysage, tout aussi remarquable, à M. Lamorinière.

M. Harpingines est un peintre du Nord qui
ne peut oublier la couleur locale des contrées
qui l'ont vu naître. Son *Canal des Environs de
Nevers* ressemble passablement aux *Vues de*
notre bonne et brumeuse Flandre Nous aimons
trop notre pays pour lui faire un crime de ce
léger défaut, qui n'empêche pas que son grand

tableau : *Un Orage sur les bords de la Loire*,
soit un des meilleurs du Salon, tant il est simple de procédé et vrai d'effet. Dans *le Retour*,
nous retrouvons le peintre original des précédentes Expositions, avec un grand progrès dans
le dessin des figures. — Son confrère, M. Hé-
doin, a pris domicile à Chambaudoin, car il a
envoyé *Un Semeur à Chambaudoin, Un Berger
à Chambaudoin*, et *Une Porcine à Chambaudoin*, compositions simples et d'une grande vérité. M. Hanoteau, lui, s'est fixé dans la Nièvre, et il a envoyé cinq Vues de cette province.
La plus remarquable : *Une Prairie sur les bords
de la Laudarge (Nièvre)*, a été achetée pour la
loterie. Un joli site, *Groupe d'Arbres sur le
bord de la mer (Calvados)*, a été acheté aussi à
M. Desjobert pour la loterie. Nous ne saurions
mieux terminer notre revue des paysages qu'en
citant la *Vue de Rotterdam*, de M. Justin Ouvrié, si riche de ton, d'effet de lumière, et si
parfaite de perspective.

M. Saint-Jean est toujours le peintre par
excellence des fleurs et des fruits. Il n'a envoyé
qu'un tableau : *la Vierge à la Chaise, médaillon en bois sculpté, entouré de fleurs*; mais qu'il
est beau! quelle vérité! quelle finesse! quelle
transparence! Les meilleurs peintres de fleurs
paraissent froids quand on quitte ce tableau.
Pourtant le *Vase de Fleurs* et *la Paquerette des
Champs*, de M. Regnier, sont deux jolis tableaux pleins de charme, ainsi que *le Rossignol
et le Paon*, de M. Léon Rousseau. Mais ça ne
fait pas illusion comme la peinture de M. Saint-
Jean. Citons cependant les *Fruits dans un
Paysage*, joli groupe chaleureusement peint
par M. Dussauce.

Les marines sont peu nombreuses, et plusieurs d'entre elles sont consacrées à la *Réception de S. M. la reine d'Angleterre, par S. M. l'Empereur Napoléon III, à bord du vaisseau* LA BRETAGNE, *rade de Cherbourg, le 5 août 1858*. MM. Morel-Fatio, Noël et Barry sont les peintres qui ont le mieux rendu le grandiose de cette scène. Dans les huits tableaux de M. Le Poittevin, nous avons remarqué deux petites toiles pleines d'intérêts : *les Pilotes Hollandais* et *la Vigie*. Ce dernier a été acheté pour la loterie. La couleur de M. Suchet se rapproche de celle de M. Morel-Fatio; les vagues sont bien transparente dans sa *Pêche aux Thons sur les côtes de Provence*. Quant à M. Ziem, il a prodigué tous les trésors de sa palette dans ses deux vues de *Constantinople*. Les reflets des flots sont ce que nous avons de plus éblouissants.

Les intérieurs ne sont guère en plus grand nombre que les marines. Le plus célèbre de nos peintres d'intérieurs, M. Danzats, n'a que deux tableaux, mais il s'est montré vraiment coloriste dans *la Cour de la maison Coussifa au Caire*. Nous ne parlerons ni de l'effet perspectif ni de l'exactitude des détails; on sait quelle perfection cet artiste y apporte. Comme perspective, comme entende des ombres et de la lumière, nous ne connaissons pas d'intérieur capable d'être comparé à celui de Mme Henriette Browne : *Intérieur de Pharmacie chez les Sœurs*. L'œil pénètre bien dans les différentes pièces, tout y est visible, l'air et la lumière y circule, on sent que ces religieuses doivent y respirer à l'aise. Il n'en est pas de même de l'*Intérieur de la Pharmacie du couvent des Capucines de Mes-*

sine, peint par M. Charles Giraud. Il y fait sombre, triste, l'air et le soleil y manquent. Heureusement, on se sent plus à l'aise vis-à-vis de l'*Intérieur du cabinet de M. le directeur général des Musées impériaux, au Louvre*, et de l'*Intérieur du Salon de S. A. I. Mme la princesse Mathilde*, du même artiste. Le regard circule avec plaisir sur les riches lambris de ces deux salons et les merveilles qui s'y trouvent accumulées. M. Th. Frère ne compte que *quatorze* vues de l'Egypte. On conçoit qu'il nous est tout aussi impossible qu'au jury d'analyser chacun de ces ouvrages. Nous nous arrêterons seulement à cet intérieur d'*Un Bain au Caire*, d'un charmant effet de lumière et d'une jolie couleur. *La Chapelle sixtine pendant la prédication d'un franciscain à la messe, et devant le pape Pie IX*, par M. Clère, est un tableau qui rappelle M. Ingres. L'effet est savamment ménagé, l'ensemble de la composition a ce calme qui convient au sujet, les figures bien dessinées et bien peintes. M. Ricard-Cavaro s'est montré un brillant coloriste en peignant la salle du *Sénat de Vénise*; ses figures laissent bien à désirer. L'atelier de Paul Delaroche, par M. Roux, est une intéressante composition qui nous montre le grand maître occupé à méditer quelque chef-d'œuvre nouveau, pendant que deux ou trois élèves travaillent un peu plus loin.

VI.

PASTELS, AQUARELLES, MINIATURES, PEINTURE SUR PORCELAINE, PEINTURE SUR ÉMAIL ET DESSINS.

MM. E. Giraud. — Mme Ceoffier. — M. Sebron. — Aubin. — Mme Becq de Fouquières. — Tourneux. — M. Bouquet. — Mlle M. Paigné. — Hildebrandt. — Pils. — E. Lami. — Hamon. — Français. — Vidal. — Henri. — Baron. — Ed. Moreau. — S. A. I. la princesse Mathilde. — Mme Herblin. — Mme Monvoisin. — M. David. — Gaye. — Mlle Piédagnel. — Mlle Bloc. — Mme Cool. — M. Hudel. — Baud. — Corplet. — Mme Apoil. — M. Heim. — Flandrin. — Bida. — Zo. — Job. — Galimard. — Verchères. — Merle. — Michel. — Maillot. — Soulié. — Zier.

Le pastel est une des plus agréables expressions de l'art, c'est l'un des genres de peintures le plus généralement goûtés du public et dans lequel s'exercent aujourd'hui presque tous les portraitistes. Le maître du genre, M. Eugène Giraud, a exposé plusieurs portraits qui sont moins finis que ceux des années précédentes; ils sont un peu trop touchés à la manière des peintres de décors. Nous en exceptons cependant celui de S. A. I. Mme la princesse Clotilde, dont le fini est plus soigné et qui se distingue par une grande fraîcheur de coloris.

Les grands pastels de Mme Coeffier sont très beaux de couleur. Le portrait de Mme L*'* est surtout dessiné et modelé avec beaucoup de talent. — Deux autres grands pastels, qui ont attiré notre attention, ce sont les portraits de Mme S*** et de Mme la baronne de C***, dessinés par M. Sebron. Le bras droit en raccourci du dernier laisse à désirer, mais le dessin du premier est fin et correct. — Dans de moins grandes dimensions, les trois pastels de M. Aubin sont d'un crayon fin et moelleux ; le portrait de Mlle A...., jeune fille qui tient une levrette en laisse, est d'une couleur charmante. — *La Prière*, tel est le titre donné par Mme Becq de Fouquières à son grand pastel représentant une jeune bretonne agenouillée et priant. Cette grande étude est d'une couleur sévère d'un très bon effet. — *Un Point d'Orgue* est une jolie composition de M. Tourneux, qui nous montre *le maestro Gabrieli faisant répéter un de ses motets.* Ce pastel à la vigueur d'une peinture vénitienne. — *Les Bords du Scorf, près de Lorient (Morbihan)* et *les Bords de l'Ellé (Finistère)* sont deux bons paysages au pastel, largement dessinés par M. Michel Bouquet; les premiers plans sont très vigoureux. — Une des élèves les plus distinguées de M. Maréchal de Metz, Mlle Mélanie Paigné, a envoyé trois charmants pastels : *Bouquet de Pavots du Caucase; Pavots et Liserons; Bouquet de Roses trémières avec liserons bleus.* Ce dernier est d'un effet, d'un ton délicieux ; les pétales, les feuilles, ont une transparence qu'on obtient rarement et qu'on ne rencontre guère que dans les tableaux de M. Saint Jean.

L'aquarelle qui avait une si grande vogue, il y a une vingtaine d'années, est aujourd'hui un peu délaissée pour le pastel d'un effet beaucoup plus flatteur. Cependant, l'Exposition de 1859 compte encore un bon nombre d'aquarelles, grâce à un artiste prussien qui en a envoyé *trente-huit pour sa part*. Trente-huit! il nous semble que c'est là abuser de l'hospitalité, et nous engageons de nouveau l'administration à limiter le nombre des ouvrages qu'un artiste aura le droit d'exposer. Car admettons que chaque exposant envoie trente-huit ouvrages, le palais des Champs-Élysées ne deviendra-t-il pas trop petit pour contenir les quarante à cinquante mille objets qui formeraient alors l'Exposition? D'ailleurs, le public aura-t-il le courage de voir avec attention le trente-huit aquarelles de M. Hildebrandt? Oui, sans doute, s'il n'avait que cela à examiner. Mais déjà fatigué par la vue de plusieurs centaines de tableaux, le visiteur, en présence des trente-huit aquarelles, fera comme le critique, il se retirera effrayé par la besogne d'une telle analyse.

Arrêtons-nous à un artiste plus discret, à M. Pils, qui n'a qu'une aquarelle : l'*Ecole à feu, à Vincennes (artillerie à pied, 2*me *régiment)*. Cette composition à toute la largeur d'exécution et la vérité d'action qui distinguent les œuvres de ce jeune artiste. *Le Bal d'Opéra*, de M. Lami (Eugène), a l'éclat des aquarelles de ce peintre qui a mis plus de finesse dans ses autres petits *sujets tirés des œuvres d'Alfred de Musset*, ainsi que dans le médaillon d'un éventail peint en collaboration avec MM. Hamon, Français, Vidal et Henri Baron. Les ornements de cet éventail, qu'on dit destiné à l'Impératrice Eugénie, sont dûs au talent de M. Edouard Moreau, aquarelliste très distingué, qui a exposé pour son compte une belle gouache, représentant *Jésus-Christ reconnu par ses disciples à*

Emmaüs, et trois médaillons d'une couleur coquette : *le Théâtre de l'Amour,* — *la Danse,* — *la Musique.* Avant de passer à l'examen des miniatures, disons deux mots des aquarelles de S. A. I. Mme la princesse Mathilde. Si Mme la princesse Mathilde n'est pas la seule personne de son rang qui ait eu des ouvrages à nos expositions, elle est la première qui ait permis d'inscrire son nom parmi les nôtres au livret du Salon. C'est un fait, un progrès que nous tenons à constater. Oui, nous remercions S. A. I. de n'avoir pas déguisé son grand nom sous un pseudonyme, comme si la culture des Beaux-Arts pouvait humilier, ravaler les personnes d'une certaine position sociale; nous la félicitons d'avoir dédaigné un préjugé indigne de notre époque; d'avoir, en mêlant ses œuvres à celles de tous les artistes, relevé l'art dans l'opinion d'un monde pour qui le mérite, le talent, ne sont rien auprès de ces avantages de hasard : la naissance et la fortune. Les trois aquarelles de S. A. I. sont des portraits grands comme nature; ils ont la vigueur de peinture à l'huile, on y retrouve les qualités et les défauts du professeur M. E. Giraud. Les portraits de la princesse A..., et de Mlle V..., sont largement peints, mais nous voudrions un peu plus d'étude dans le modelé. Nous préférons, sous ce rapport, la copie d'après Rembrandt, qui est rendue avec une richesse et une justesse de ton que tout le monde a appréciées.

Les miniatures sont assez nombreuses, assez remarquables, et celles de Mme Herbelin occupent comme toujours la première place. Des six portraits, celui de Rossini est des plus ressemblants et des mieux peints. Les trois médaillons de Mme Monvoisin sont aussi des miniatures d'une grande finesse de modelé, et les douze portraits de M. Maxime David se recommandent surtout par le charme du coloris. Enfin, les portraits de l'Empereur et de l'Impératrice, commandés par le ministère d'Etat, à M. Gaye, sont de grandes et belles miniatures qui rappellent parfaitement les tableaux d'après lesquels elles ont été peintes.

Il y a, cette année, peu de peintures sur porcelaine. Celle exposée par Mlle Piédagnel nous a paru d'une grande finesse de ton et de dessin. C'est une copie du beau portrait d'*Elisabeth de France*, par Rubens. *La réconciliation de Jacob*, d'après Pierre de Cortone, est d'une exactitude de dessin et de coloris qui fait honneur à Mlle Bloc. Nous en dirons autant des deux plaques de Mme de Cool; l'une, est une copie de *la Vierge à la Grappe*, d'après Mignard; l'autre, *la Naissance de Louis XIII*, d'après Rubens. Quant au *Labourage Nivernais*, d'après Rosa Bonheur, par M. Hudel, c'est un peu trop flou et trop rosé de ton.

Quelques émaux méritent d'être mentionnées d'une manière toute particulière : c'est d'abord *Agar*, d'après le Dominiquin, par M. Baud; — *Adam et Eve*, d'après Raphaël, par M. Corplet; — et l'*Enlèvement de Déjavire*, d'après Guido Réni, par Mme Apoil.

Quant aux dessins, ils sont toujours très nombreux et généralement assez remarquables. A tout seigneur tout honneur. Nous commencerons par l'examen des dessins de M. Heim, de l'Institut, l'auteur des grandes et belles peintures historiques et de l'intéressante collection de portraits dessinés au crayon noir, aujourd'hui placée au Musée du Luxembourg. C'est la continuation de cette série des portraits des membres de l'Institut que nous trouvons exposés au nombre de soixante-quatre. Ces dessins sont des études qui n'ont pas le léché des œuvres qui plaisent aux bourgeois et aux élèves des pensionnats, mais ils ont cette vigueur de crayon, cette vérité de physionomie que recherche l'artiste. Ceux de ses portraits qui nous ont le plus frappé comme ressemblance, ce sont ceux de MM. Horace Vernet, Dumont, Lafuel, Abel de Pujol, Nieuwerkerke, Mercey et Nanteuil. — Les dessins de M. Paul Flandrin sont plus soignés que ceux de M. Heim, et cela devrait être puisqu'ici ce sont des portraits bourgeois et non des études pouvant servir à un tableau dans le genre de celui représentant *le Roi Charles X distribuant des récompenses aux artistes à la fin de l'Exposition de* 1824. Les portraits de M. P. Flandrin sont dessinés avec une grande pureté et une grande finesse.

M. Bida, dont les dessins ont le fini et le charme de la gravure, a trois grands dessins aussi remarquables sous le rapport de la composition que sous celui de l'exécution. Ce sont de véritable peinture tant le crayon de cet artiste a de couleur, tant il a d'harmonie dans les effets de lumières. Le plus magnifique des trois c'est la *Prédication maronnite dans le Liban;* la scène est des plus imposantes. Le *Corps de Gardes d'Arnautes, au Caire,* dessin acheté pour la loterie, est charmant; il réunit des types d'un caractère original. — Les dessins de M. Achille Zo se rapprochent beaucoup de ceux de M. Bida; *la Devineresse* nous plaît moins que les *Aventuriers* où se trouvent toutes les qualités de ce peintre : dessin correcte, vigueur de ton et composition bien ordonnée. Mais comme vigueur de crayons nous citerons surtout deux dessins au fusain de M. Verchères de Reffye; ce sont deux études habilement touchées et intitulées, l'une : *Souvenir de la Corrèze*, l'autre : *Souvenir du Dauphiné*.

L'auteur de *la Léda*, M. A. Galimard, n'a exposé qu'un carton à la sanguine : *La Sainte Vierge Marie en adoration*. Nous espérions trouver au Salon le tableau qu'il a peint pour la chapelle des Tuileries ; il n'aura pas été possible, sans doute, de le déplacer; nous le regrettons. Le carton que nous avons sous les yeux se distingue par le style religieux que M. Galimard entend si bien; il a été composé pour un vitrail d'une chapelle de l'église Saint-Philippe-du-Roule. — Nous avons aussi remarqué l'*Annonciation*, *la Visitation*, *la Nativité*, cartons dessinés avec talent par M. Job, qui s'est montré aussi bon coloriste que bon dessinateur dans quatre tableaux qu'il a exposés : *Jeune Fille de Brientz (canton de Berne)*, *Au Temple pendant la Prière*, *Scène de la vie de Cottage* (Etats-Unis d'Amérique), et *Jésus Christ en Flandre*.

Nous ne pouvons quitter les peintures et les dessins sans attirer l'attention du lecteur sur une composition de M. Merle et que l'auteur a intitulée : *Mort de l'Amour*. C'est une pluie d'or qui a tué l'Amour qu'on voit gissant aux pieds d'une jeune et belle femme, presque nue et mollement couchée. La couleur est jolie, le dessin élégant, les raccourcis bien réussis. Cet artiste a encore deux bons tableaux : *Repos de la Sainte Famille en Egypte*, et *la Lecture de la Bible*. — M. Charles Michel est un peintre qui a le sentiment des sujets religieux. Sa *Vierge aux Anges* est une conception sage et gracieuse; le style est simple et la couleur agréable. Il y a dans *le Crucifiement* (grande composition du même artiste) un groupe très remarquable : c'est celui de saint Jean qui éloigne de cette scène la Vierge et la Madeleine. — Un autre grand tableau, *Saint-Antoine de Padoue*, peint par M. Maillot, est d'un coloris puissant dans la manière de l'école espagnole; la tête du saint est pleine d'expression. — Dans le genre familié, nous avons aussi remarqué une composition charmante de naïveté peinte avec talent par M. Soulié: c'est une *Jeune Fille effeuillant une Marguerite*. — Enfin, nous terminerons en citant le joli *Portrait de Mlle Léonore L...*, par M. Victor Zier, d'une grande ressemblance et d'un modelé nature.

VII.

SCULPTURE ET GRAVURE EN MÉDAILLES.

MM. Farochon. — Clésinger. — Grabowski. — Travaux. —Loison. —Oudiné. —Eude. — G. Crauck. — Prouha. — Chambard. — Lanzirotti. — Courtet. — Maillet. — Millet. — Chatrousse. — Etex. — Gruyère. — Desprey. — Chevalier. — Moreau. — Clère. — Debay père. — Lepère. — Carpeaux. — Marcellin. — Allasseur. — Gumery. — Ramus. — Poitevin. — Cocheret. — Garnier. — Begas. — Montagne. — Lequesne. — Rochet. — Leharivel. — Ferrat. — Badiou. — Diebolt. — — Carrier. — Montagny. — Foyatier. — Jean Debay. — Fabisch. — Mène. — Rouillard. — Delabrière. — Oliva. — Desprey. — Isclin. — Cavalier. — Nieuwerkerke. — Dantan aîné. — Dantan jeune. — Dieudonné. — Robinet. — Pollet. — Mathieu-Meusnier. — Vilain.

L'Exposition de sculpture donne lieu, cette année, à des jugements curieux. Selon quelques critiques, la statuaire surpasse en mérite, cette fois encore, l'Exposition de peinture ; elle offre, malgré les nombreux ouvrages qui la composent, peu de médiocrites. Selon d'autres, au contraire, elle marche à sa décadence en visant à l'idée, à l'esprit, au pittoresque. Il y a là évidemment erreur. Il ne faut certainement pas, en sculpture surtout, sacrifier la forme à l'idée, parce que la statuaire est, avant tout, un art essentiellement plastique. Mais vouloir proscrire l'idée, voire même l'esprit des œuvres

de sculpture, ce serait porter atteinte au sentiment, à l'expression, et réduire la statuaire au
rôle assez insignifiant d'un détail d'architecture.
Si la sculpture des anciens est si calme, si peu
vivante ; si, chez eux, la forme a cette simplicité et cette pureté de contours qu'on appelle le
beau idéal, parce que, en effet, c'est une forme
de convention arrangée pour être en harmonie
avec les contours, avec la forme, avec les lignes
sévères de l'architecture grecque ou romaine ;
si, disons-nous, les statues antiques ont presque toutes l'aspect calme, sévère, c'est que les
anciens ne faisaient que de la statuaire monumentale, de la statuaire devant s'adapter, se
marier au style du monument dont elle était un
des détails architectoniques. Au lieu que, de
nos jours, les monuments n'étant plus exclusi-
vement d'architecture grecque ou romaine, la
sculpture monumentale doit prendre le caractère des différents styles des monuments à la
décoration desquels elle concourt. Puis, de nos
jours, il y a une sculpture qui était inconnue
aux anciens, sculpture isolée, indépendante,
destinée aux galeries, aux musées, aux collections d'œuvres d'art. Ici, l'artiste n'a à s'occuper d'aucun style, d'aucun entourage. Le
vaste champ de l'imagination est à lui tout entier ; il peut choisir un sujet gracieux ou dramatique, le traiter dans le style académique, ou
l'exécuter dans la manière de Jean Goujon, de
Puget, de Coustou, etc.

L'Exposition actuelle de sculpture accuse
donc un progrès irrécusable pour quiconque a
observé la marche que les Beaux-Arts ont suivie
depuis trente ans. Sous le premier Empire, sous

la Restauration, tous les ouvrages de sculpture se ressemblaient ; ils étaient tous des imitations plus ou moins adroites de l'antique. Les sculptures gothiques, renaissances, celles des règnes de Louis XIV et Louis XV étaient oubliées, méprisées, reléguées dans les greniers, dans les magasins de l'Etat. L'artiste, à cette époque, ne faisait que du grec ou du romain : il vous aurait ri au nez si vous lui aviez demandé une statue gothique, par exemple. Il ne sortait pas de l'antique, quelle que fût la destination de l'œuvre qu'on lui commandait ; nos monuments publics sont pleins de ces anachronismes. Il n'en est plus de même aujourd'hui ; les artistes de la nouvelle école ont étudié tous les genres, tous les styles ; beaucoup d'entre eux traitent avec le même talent une statue gothique ou renaissance, une figure dans le goût Louis XIV ou Louis XV, et si, lorsqu'il fait une commande, l'architecte avait le soin de dire dans quel style le travail doit être exécuté, il éviterait bien des anachronismes qu'on rencontre et qu'on rencontrera longtemps encore parmi les sculptures qui décorent nos monuments.

Mais, dira-t-on, ces divers avantages ont été acquis aux dépens de l'étude du style antique qu'on a négligé, sinon abandonné. — Nouvelle erreur, et, pour s'en convaincre, il suffira de comparer les statues de ce genre faites de nos jours à celles faites sous l'Empire et la Restauration. A tous les points de vue de l'art et du goût, ces dernières ne peuvent soutenir la comparaison. Bien que les deux maîtres qui excellent dans ce genre, MM. Duret et Dumont, n'aient rien à l'Exposition, nous trouverons cependant dans les sculptures exposées quelques statues qui attesteront qu'à aucune époque on n'a su mieux comprendre le style grec dans la statuaire, malgré notre goût et nos études pour les autres genres de sculpture.

La *Mère*, groupe en marbre exécuté par M. Farochon, est une charmante composition destinée aux salons de réception de M. le président du Sénat au palais du Luxembourg. Cette jeune femme *préside à la naissance intellectuelle* de deux beaux enfants qui l'écoutent avec la naïveté curieuse de leur âge. M. Farochon nous prouve que, dans le modelé d'une figure, on peut être vrai, être nature et avoir du style. Tout est joli, gracieux dans ce groupe ; tout y est rendu, étudié avec une facilité d'exécution peu commune. C'est, à notre avis, l'œuvre la plus complète de l'Exposition de sculpture. Nous trouvons ce groupe bien supérieur aux statues de *Sapho* envoyées de Rome par M. Clésinger, et dont la réclame avait fait tant de bruit avant l'ouverture du Salon.

Le dernier envoi fait par cet artiste n'est pas porté au Livret ; il se compose de deux bustes en marbre colorié, et d'une statue de *Sapho*, aussi en marbre et coloriée. C'est avec chagrin que nous voyons un sculpteur de mérite chercher des trucs, des *ficelles* pour attirer l'attention du public. N'est-ce pas un malheur de voir badigeonner une si belle et si précieuse matière que le marbre, de voir effacer, anéantir, sous une couche de couleur, l'étude du modelé, le talent du statuaire ? Et pour atteindre quel résultat ? Pour arriver à donner à une statue en marbre l'aspect de ces ignobles figures de cire

qu'on montre dans les foires ou qu'on voit aux
étalages des perruquiers-coiffeurs. Autant nous
aimons la vie, la couleur données au marbre
par le ciseau de l'artiste, autant notre goût est
blessé par la vue d'une statue, — et surtout
d'une statue en marbre, — dont les nus sont
peints en couleur de chair, le manteau en bleu
et les cheveux d'un ton châtain. Nous ne voudrions de sculpture polychrôme que lorsqu'elle
est destinée à un monument d'architecture polychrôme, parce que, avant tout, nous tenons à
l'unité du style; mais, en dehors de ces conditions, nous demandons qu'on laisse au talent
du statuaire la difficile mission de donner la vie
et la couleur au marbre, sans autre ressource
que la science du modelé et l'habileté du ciseau.

Nous l'avons dit plus haut, M. Clésinger a
trois *Saphos* à l'Exposition. Ne pouvant parler
du mérite de la plus grande de ces statues, de
celle qui est coloriée, puisque le modelé a dis-
paru sous un badigeon, nous ne nous occuperons que des deux autres. Pourquoi l'auteur a-
t-il intitulé la plus petite des trois statues :
Jeunesse de Sapho? Elle n'a pourtant pas la
physionomie plus jeune que les deux autres; le
sentiment qu'elle exprime est le même : c'est
le chagrin, le découragement. Du reste, cette
statuette est l'œuvre la plus faible de M. Clésinger, qui s'est montré plus praticien dans
l'exécution de *Sapho terminant son dernier
chant.* Il y a de la verve dans cette composition, mais la tête manque de caractère, et les
draperies de style. Nous préférons la *Zingara;*
cette danseuse au tambour de basque n'est pas

légère ; c'est une belle et forte Italienne qui danse avec un abandon tout méridional. Le mouvement est juste, les nus grassement modelés et les grandes difficultés d'exécution heureusement surmontées. Mais ce que nous préférons par-dessus tout, c'est d'abord son *Taureau romain* qui a les beautés d'une œuvre de l'antiquité, et ensuite ses bustes non coloriés, largement modelés, de deux belles Italiennes.

Depuis la *Sapho* de Pradier, c'est à qui traitera ce sujet. Cette année, nous en comptons six, y compris les trois de M. Clésinger. La *Sapho* de M. Grabowski est assise sur le rocher d'où bientôt elle se précipitera dans les flots, car de sombres pensées sont empreintes sur ses traits. Cette figure n'est peut-être pas tout à fait dans le caractère du sujet, mais le marbre est très habilement exécutée. M. Travaux a composé sa *Sapho* pour l'une des niches de la cour du Louvre ; cette figure en marbre est d'un bon sentiment, le torse est bien modelé et les draperies agencées avec goût. La *Sapho* la mieux comprise est celle de M. Loison : *Sapho sur le rocher de Leucade*, statue en marbre destinée sans doute aussi à l'une des niches de la cour du Louvre. Cet artiste a été moins heureux en représentant *Pénélope apportant à Ulysse son arc et ses flèches, au moment où le héros va partir pour la guerre de Troie*. Le mouvement est faux ; Pénélope n'apporte pas l'arc ; au contraire, elle est au repos et s'appuie dessus ; les draperies sont par trop mouillées ; enfin, cette statue sent le poncis académique.

Puisque nous sommes en face de figures commandées pour la cour du Louvre, continuons

l'examen de toutes celles qui ont cette destination. Pour le moment, nous n'examinerons
pas si ces statues, destinées à la décoration du
même monument, sont en rapport les unes avec
les autres, si elles sont composées et exécutées
dans le style de l'architecture de l'édifice et des
sculptures du temps qui font partie de l'ornementation. Nous ne nous occuperons que du
mérite de chaque statue. — La *Bethzabée* de
M. Oudiné est bien certainement la meilleure
des dix ou quinze figures faites pour le Louvre. La pose est gracieuse, la tête jolie, les
formes fines, élégantes ; le torse et les jam-
bes sont d'un modelé vrai et gras. M. Oudiné
est un des artistes auxquels nous faisions allu-
sion au début de ce chapitre. Son talent se plie
à tous les styles, ainsi que l'atteste ce groupe en
marbre commandé pour l'église de Tournemire
(Aveyron). *La Vierge et l'Enfant Jésus* ont le
caractère des sculptures gothiques sans en avoir
la raideur ; les nus sont bien étudiés ; les draperies, agencées avec goût, ont une souplesse
dont la sculpture offre de rares exemples. Le
bas-relief en marbre, *Ave Maria*, est encore une
gracieuse composition de style gothique. Après
avoir parlé du statuaire, parlons maintenant
des médailles exposées par le même artiste, car
M. Oudiné est surtout graveur en médailles,
et il a réuni dans un même cadre onze médailles
d'une grande finesse de modelé et d'une grande
pureté d'exécution. — Deux statues d'*Omphale*
ont été commandées pour le Louvre. Celle de
M. Eude est bien dans le caractère, bien po-
sée et les chairs grassement modelées ; la pose
de l'*Omphale* de G. Crauck est plus recher-

chée ; le petit Amour qui tient la massue est par trop petit ; néanmoins, cette composition est gracieuse, exécutée avec talent et mieux étudiée que celle de *Bacchante et Satyre*, du même artiste. M. G. Crauck a encore deux bustes en marbre d'une grande ressemblance et une statuette en bronze représentant le *Maréchal Pélissier, duc de Malakoff*.

Le Louvre aura non seulement deux et peut-être trois *Omphale*, mais il aura aussi deux *Muses de l'Inspiration*. Si l'inspiration a élu domicile quelque part, c'est certainement au Louvre, et les deux muses y seront très judicieusement placées. *La Muse de l'Inspiration*, de M. Prouha, n'est pas celle qu'invoquent les poètes et les artistes, celle qui est l'inspiration même, celle qui inspire. Son mouvement indique, au contraire, qu'elle cherche, qu'elle attend l'inspiration. Comme la statue de Jeanne d'Arc de Rude, la muse de M. Prouha penche la tête, approche la main de l'oreille, écoute la voix céleste de l'inspiration. Cette figure doit être une muse quelconque qui a besoin d'être inspirée, mais, à coup sûr, elle n'est pas l'inspiration même : il y a là erreur de nom. — Nous préférons, sous tous les rapports, l'inspiration de M. Chambard ; il y a de l'exaltation dans le regard, de l'inspiration dans l'expression générale de la figure ; la pose est noble, la draperie est traitée dans le goût de la renaissance, ce dont nous louerons l'artiste, puisque cette sculpture doit s'allier à une architecture renaissance. M. Chambard a une seconde statue d'un tout autre caractère : c'est une *Bacchante*, mais une vraie bacchante, dansant avec la gaîté,

l'entrain, la folle ivresse inhérente à sa nature.
— La *Pensierosa*, dont le modèle en plâtre figu-
rait à l'Exposition de 1857, a été commandé
en marbre pour le Louvre à **M. Lanzirotti**. C'est
un premier succès que vient justifier une con-
sciencieuse exécution en marbre. Cette jolie
figure a gagné à être reproduite en marbre; on
en apprécie mieux la finesse et la vérité du
modelé. Ces qualités sont surtout très remarquables dans l'*Esclave*, statue en bronze du
même sculpteur. Il règne sur cette figure un
sentiment de douce mélancolie qui impressionne,
un charme dans l'élégance des formes qui séduit
tout d'abord. Un buste en plâtre et deux médaillons en albâtre très ressemblants, complè-
tent l'exposition de M. Lanzirotti.

Nymphe...—laquelle?—L'artiste, M. Courtet,
n'en sait rien lui-même puisqu'il ne le dit pas;
mais cette nymphe, destinée au Louvre, est
bien maniérée; elle pose mal et les bras sont
mal attachés. Puis, pourquoi cette plinthe dé-
coupée et à baguettes, quand celles des autres
figures sont droites, pleines, unies? Nous engageons M. Courtet à traiter plus sérieusement
à l'avenir la sculpture monumentale.—L'*Abon-
dance*, de M. Maillet, est mieux comprise et bien
autrement modelée. Ce modèle en plâtre, que
nous avions vu déjà dans la niche d'essai au
Louvre, nous paraît préférable à cette autre statue en plâtre du même artiste : *Agrippine portant les cendres de Germanicus*. — L'auteur de
l'*Ariane*, dont nous avons fait l'éloge il y a deux
ans, M. Millet, a fait une statue de *Mercure*
pour le Louvre; mais, hélas! nous ne pouvons
plus louer, car nous ne connaissons rien d'aussi

maniéré que ce Mercure qui va danser un
menuet. Pourquoi cette figure, qui est bien
modelée, n'a-t-elle pas la pose aussi naturelle
que celle de la statuette en marbre de Mme M.
R. du même sculpteur? — M. Chatrousse est
plus simple, et il a raison. Sa figure, commandée pour le Louvre, l'*Art chrétien*, est sagement
composée, sobre d'effet et de mouvement,
comme il convenait au sujet. L'artiste a mis
plus d'expression, de mouvement dans la statue
en marbre : *Résignation*, commandée pour
l'église Saint-Sulpice. La tête est pleine de sentiment; elle est, ainsi que les mains, d'une
grande vérité de modelé. Nous avons revu avec
plaisir le groupe d'*Héloïse et Abeillard*, que
nous avions vu en plâtre au Salon de 1857.
Cette charmante composition est plus sédui-
sante encore en marbre; les détails ont plus de
délicatesse, le modelé plus de finesse. — Comment M. Etex a-t-il accepté de reproduire pour
le Louvre deux types de la beauté antique :
Hélène et *Pâris*, deux figures contraire à la nature de son talent? Aussi, voyez quels traits,
quelles formes et surtout quelles mains! des
mains à faire envi aux *romains* de la Porte-
Saint-Martin. Qu'on demande à M. Etex un for-
geron, un cultivateur, un type vulgaire ou énergique, rien de mieux, mais le beau Pâris, mais
la belle Hélène, cela n'était ni dans son goût
ni dans sa manière. Nous ne parlerons pas de
sa *Douleur maternelle*. Il y a dans ce groupe
en marbre une intention de sentiment, mais
l'exécution est plus faible encore que celle des
deux précédentes statues.

Comme M. Gruyère s'est montré bien supérieur dans une composition du même genre : *la Tendresse maternelle!* Tout s'explique facilement, tout est gracieux, tout est joli et étudié dans ce groupe — *La Béatitude maternelle,* autre groupe dans le même sentiment, par M. Desprey, est non moins gracieux, non moins étudié; l'agencement des draperies a du style. — M. Chevalier a eu le malheur d'avoir un marbre affreusement vainé, ce qui nuit au bon effet de son groupe de *la Jeune Mère,* auquel cependant il a mis son savoir de praticien. La tête du jeune enfant est bien modelée.

Une des figures des plus gracieuses et des mieux réussies, c'est la statue en bronze : *la Fileuse,* de M. Mathurin Moreau. Cette statue peut aller de pair avec le groupe de M. Farochon comme style et comme modelé. Aussi la commission de la loterie s'est-elle empressée de l'acheter. — *La Vénus agreste,* de M. Clère, est une bonne étude en marbre; la pose est gracieuse, mais les formes un peu lourdes, quoique bien modelées. — Nous ne ferons pas ce reproche à M. De Bay père; les formes de cette jeune fille (*le Choix difficile*) sont sveltes, correctes, élégantes, mais d'un modelé qui rappelle la sculpture de l'Empire. *Passé, Présent, Avenir,* tel est le titre d'un projet de monument du même artiste, composée avec beaucoup de goût. — Nous retrouvons ici deux figures que nous avons vues dans les envois des pensionnaires de l'école de Rome; nous voulons parler de la statue en marbre de *Lysias, reine de Lydie, femme du roi Candaule,* par M. Lepère, et de la statue en bronze alors appelé : l'*Enfant au Coquillage,* aujourd'hui simplement *Jeune Pêcheur,* par M. Carpeaux. Nous avons dit, il y a neuf mois, notre opinion sur ces deux ouvrages; nous avons critiqué les formes un peu lourdes, un peu ronde de Lysias, et nous avons loué la grâce, l'expression et la finesse de modelé du jeune pêcheur. Nous avons également parlé, dans notre revue du Salon de 1857, du groupe de M. Marcellin : *le corps de Zénobie, reine d'Arménie, retiré de l'Araxe.* Ce groupe, qui était alors en plâtre, a beaucoup gagné sous le rapport du modelé depuis qu'il est traduit en marbre. — Nous en dirons autant du *Moïse sauvé des eaux*, que nous revoyons en marbre, exécuté par M. Allasseur avec le fini le plus consciencieux.

Parmi les figures d'étude, il faut citer, en première ligne, *Un Moissonneur*, statue en bronze de M. Gumery; la pose est simple, naturelle; les nus, d'un modelé ferme et vrai. Nous aimons moins la *Persévérance* et la *Bienfaisance*, statues en marbre destinées à un tombeau; mais la *Fontaine de l'Amour* est une gracieuse petite composition du même auteur; puis, une statue de *David*, par M. Ramus, qui a aussi une charmante petite figure en marbre : *Jeune Pâtre jouant avec un chevreau.* Ces deux marbres sont modelés avec le soin et le talent bien connus de l'artiste. — Le *Joueur de Billes*, statue en bronze de M. Poitevin, est une figure bien étudiée, qui rappelle par trop le *Joueur de Billes*, de M. Frison. — La *Prière* est une petite statue en marbre à laquelle M. Cocheret a donné tous ses soins; la pose est simple, gracieuse, la tête jolie et d'une charmante expression. — Le *Pêcheur endormi*, de M. Garnier, est une figure d'étude qui se recommande par la conscience et la vérité du modelé. — Le groupe en plâtre de M. Begas est à peine ébauché, mais il intéresse par l'originalité de l'idée et la vérité de l'expression. Il représente *Pan consolant Psyché.* Nous ne chicanerons pas M. Begas sur l'intervention de Pan pour consoler la curieuse Psyché; nous nous bornerons à décrire sa composition. Assis et nonchalamment accoudé sur un tertre, Pan, avec un sourire goguenard, semble donner les conseils de sa grande expérience à la pauvre Psyché, qui pleure sa faute. — La *Rebecca,* de M. Montagne, est une des meilleures figures du Salon. C'est le beau type juif, le type biblique; l'agencement des draperies est bien dans le caractère oriental ; la pose est noble et simple. Cette statue est largement modelée.

Les sujets de l'histoire contemporaine sont peu nombreux. M. Lequesne a reproduit en marbre la statue du *Maréchal Saint-Arnaud,* destinée au Musée historique de Versailles, et M. Louis Rochet a fait fondre, en bronze et argent, la petite statue de *Napoléon Bonaparte, écolier de Brienne* (1794), dont les modèles en plâtre avaient été exposés au Salon de 1857. — La statue en marbre exécutée par M. Leharivel-Durocher est destinée au tombeau du célèbre architecte du Louvre. *Visconti* est représenté couché, accoudé sur le bras gauche, la tête baissée et le regard porté sur un plan du Louvre qu'il tient dans la main droite. Le costume du membre de l'Institut prête peu à la statuaire; mais, en y ajoutant un manteau, l'artiste aurait pu tirer un meilleur parti, obtenir des masses plus larges et d'un effet monumental. — Si l'effet est plus monume tal, dans la statue en marbre du jurisconsulte *Tronchet*, nous reprocherons à son auteur, M. Ferrat, une exécution un peu trop sèche et anguleuse. — Le modelé du groupe en marbre de M. Badiou de Latronchère est plus vrai. Le plâtre de ce groupe, qui représente *Haüy, fondateur de l'institution des Jeunes-Aveugles*, était à l'Exposition de 1857. Une statue de la *Prodigalité*, du même artiste, est bien inférieure à cette œuvre et comme composition et comme exécution. — Les modèles en plâtre du *Grenadier de ligne* et du *Zouave en tenue de campagne*, exécutés par M. Diebolt au pont de l'Alma, sont deux types bien choisis ; nous félicitons l'artiste de ne s'être pas cru obligé de prendre des figures laides et canailles, comme tant d'autres le font, pour représenter nos soldats. La laideur n'ajoute rien au courage ; elle n'a que le triste avantage de déplaire et d'effrayer les enfants. — M. Carrier a entrepris une tâche difficile dont il s'est heureusement tiré en représentant la *Mort du général Desaix à la bataille de Marengo le 14 juin* 1800. Ce groupe est bien disposé ; l'action s'explique bien ; le mouvement de Desaix est vrai, le geste noble et expressif. L'effet de l'ensemble est très satisfaisant. M. Carrier a encore un joli groupe en bronze, *Jupiter et Hébé*, et quatre bons bustes.

En dehors des sculptures religieuses déjà mentionnées dans ce chapitre, nous devons citer le modèle en plâtre d'une statue de *la Vierge et l'Enfant Jésus*, commandée à M. Montagny pour une église de Saint-Etienne (Loire). L'agencement des draperies est joli et d'un style sévère ; les têtes, les mains sont modelées avec soin. — L'auteur de l'un des chefs-d'œuvre de

la statuaire moderne, de l'œuvre la plus connue, M. Foyatier, l'auteur de *Spartacus*, a exposé, cette année, une statue d'un tout autre
caractère : l'*Immaculée Conception de la Sainte
Vierge*. Le Livret ne dit pas quelle est la destination de cette nouvelle production du célèbre
sculpteur. — *Saint Thibaud, patron des mineurs de Commentry*, est une petite statue en
marbre exécutée avec le goût et le talent que
tout le monde reconnaît à M. Jean De Bay.
N'oublions pas son étude en terre cuite : le *Petit Vendangeur*, charmante et spirituelle conception qu'on s'est empressé d'acheter pour la
loterie. — M. Fabisch a exposé le *Sauveur*,
statue en marbre qui nous rappelle le *Christ
aux plaies*, de M. Emile Thomas, artiste qui a
renoncé, depuis 1855, à envoyer ses ouvrages
au jury des Expositions ; il a pris la détermination de les exposer dans son atelier. Nous y
avons vu dernièrement une œuvre très recommandable au point de vue de l'art. On pourrait
appeler cette statue : la *Femme à la Chaise*.
C'est une femme déjà d'un certain âge, simplement vêtue, debout, légèrement agenouillée sur
le bord d'une chaise ordinaire, les mains jointes
et appuyées sur le dossier ; cette femme fait sa
prière. Cette statue, qui sera fondue en bronze,
est destinée, dit-on, à un tombeau du Père-
Lachaise, où certainement elle produira beaucoup d'effet, tant il y a de vérité et d'expression
dans cette figure.
Pour la reproduction des animaux, M. Mène
a toujours le même succès ; il a exposé de
charmants petits groupes de *Chevreuils* ; *Jument et Chien* ; *Chienne et ses Petits*. Ce dernier
sujet a été traité, dans de grandes dimensions,

par M. Rouillard ; mais ici, c'est une *Chienne-Dogue de forte race avec ses Petits* ; elle aboie avec fureur et défend l'approche de ses petits. Ce groupe, si vrai, si vigoureusement modelé, a été commandé à son auteur pour décorer l'un des côtés de l'escalier de la cour des écuries de l'Empereur, au Louvre. — Un autre groupe, non moins vrai, non moins bien exécuté, c'est celui de M. Delabrierre : *Une Panthère de l'Inde dévorant un Héron.*

Les bustes et les statuettes occupent la galerie du haut qui donne sur le jardin, et dans laquelle ils seraient très bien éclairés s'ils étaient placés moins bas. Nous l'avons dit et nous le répétons à dessein, les bustes sont modelés pour être vus à hauteur d'homme et non à hauteur de ceinture. Tout le monde l'a senti, et quelques artistes, MM. de Nieuwerkerke, Clésinger, Oudiné, ont obtenu la faveur d'exhausser à la hauteur convenable les bustes qu'ils avaient exposés. Il est donc permis d'espérer qu'à la prochaine Exposition les bustes et les statuettes seront *tous* posés sur une estrade plus élevée que celle de cette année.

Beaucoup de nos meilleurs statuaires n'ont exposé que des bustes, et c'est de ces bustes que nous allons parler. Deux bustes de M. Oliva ont surtout attiré l'attention des praticiens, et les opinions sont restées partagées. A notre avis, il y a deux espèces de bustes, et ils demandent à être traités d'une manière différente. Le buste monumental, celui qui fait partie de la décoration d'un monument, doit avoir un certain style, qu'il serait ridicule de donner aux bustes qui ne sont que des ressemblances, de simples portraits d'individualité. La principale des condi-

tions pour ceux-ci, c'est la vérité, la vie, la physionomie, et, sous ce rapport, quoi de plus
rai, de plus vivant que le *Buste en marbre de
M. de Mercey*? N'est-ce pas là son regard observateur, son air doux, réfléchi? Et quelle exécution! c'est aussi hardi et plus fini que les
bustes si célèbres de Caffieri. Nous savons qu'on
a fait un reproche à M. Oliva d'avoir imité ce
maître; nous, nous le félicitons d'avoir fait
aussi bien que lui sans l'avoir copié et avec
d'autres procédés. — Un buste qui est encore
bien vivant, c'est celui d'un bon vivant, d'un
gros réjoui, modelé avec une grande vérité
par M. Desprey. — Les *Bustes de M. J.-N.
Bonaparte*, de *M. J.-N. Bonaparte, lieute-
nant au 1er chasseurs d'Afrique*, par M. Iselin,
se rapprochent de la manière de faire de M.
Oliva, surtout dans le *Buste en marbre de
Picard*. — Si l'exécution des bustes de M. Ca-
vali er est moins hardie, ils sont toujours savamment modelés : témoins ceux de *M. Hen-
riquel-Dupont* et de *Ary Scheffer*.. — Le *Portrait de Mme F...*, que nous avons quelquefois
rencontrée dans le monde, est un buste très
gracieux, très ressemblant, dû au ciseau de M.
Nieuwerkerke, ainsi que celui de *S. A. la princesse Murat*, non moins bien modelé. — Les
Bustes de l'Empereur et de l'Impératrice, commandés à M. Pollet, sont des marbres travaillés
avec soin. — Il y a plus d'étude, plus de fermeté
dans l'exécution du *Buste du général de division comte de Guyon*, par M. Dieudonné; des
Bustes de M. Coste, de *M. Huzard, membres
de l'Institut*, par M. Robinet; du *général Per-
rin-Jonquière*, par M. Dantan aîné; de *M. Bi-
neau, ministre des finances*, par M. Dantan

jeune, et de *M. Sainte-Beuve*, par M. Mathieu-Meusnier. — On comprendra qu'ayant exposé un *Buste en marbre du peintre de Watteau*, qui nous a été commandé par le ministère d'Etat, nous nous abstenions de toute observation sur celui exposé par notre confrère, M. Vilain, commandé également par le ministère d'Etat.

Parmi les statuettes exposées, il en est plusieurs sur lesquelles nous n'avons pas à nous prononcer, puisqu'elles sont des réductions de statues dont nous avons parlé dans notre revue du Salon de 1857 ; telles sont la *Psyché* et la *Chaste Suzanne*, statuettes en marbre par M. Huguenin, et la *Jeune Fille à sa toilette*, statuette en bronze par M. Frison. — Quant à M. Fremiet, c'est le Raffet de la sculpture ; personne ne touche mieux que lui les statuettes des troupiers français. Il a exposé un *Cent-Garde*, un *Artilleur de la Garde*, un *Zouave de la Garde*, un *Sapeur*, un *Chasseur à cheval*, un *Hussard*, un *Cheval de troupe*, toutes statuettes en bronze commandées pour la collection des différentes armes de l'armée française.

VIII.

GRAVURE ET LITHOGRAPHIE.

MM. Mercury. — François. — E. Girardet. — Jouannin.
— Lefèvre. — Nyon. — Leroy. — Brévière. — Riffaut. — Aubry. — Lecomte. — Mouilleron. — Soulange-Tessier. — Raffet. — Marc. — Sudre.

La gravure est un art dans lequel l'habileté
du métier tient la première place : aussi y a-t-il
plus d'une manière de l'apprécier. Dans l'examen d'une estampe, le graveur se préoccupe,
avant tout, de la valeur et de l'intelligence des
tailles; les peintres, les artistes, en général,
donnent la préférence aux gravures qui reproduisent le plus fidèlement l'effet, la couleur du
tableau, et jusqu'à la touche du maître, quelle
que soit la nature des tailles du burin et des
procédés employés; les amateurs, comme les
marchands, recherchent les estampes rares, anciennes, qui se paient cher, les épreuves avant
la lettre, les tirages blonds ou vigoureux, selon
le goût du moment.

Sous le rapport de la parfaite entente des tailles, la planche de M. Mercury est sans reproche, mais elle ne rend pas complétement la
couleur de la *Jane Gray*, de P. Delaroche. Nous
voudrions un peu plus de fermeté, un peu plus
de vigueur. — M. François semble avoir mieux
compris le coloris de ce maître dans les *Enfants
d'Edouard*, la *Mater Dolorosa* et *Jésus au jardin des Oliviers*, qu'il a gravés d'après Delaro-

che. — Ce maître a été encore bien interprété par M. Edouard Girardet, qui a reproduit les *Girondins* et la *Cenci*, deux des meilleures toiles de Paul Delaroche. — Une gravure qui rappelle parfaitement l'effet, la couleur et même la touche du peintre, c'est le *Portrait de S. M. l'Impératrice* gravé par M. Jouannin, d'après M. Winterhalter. Cette planche a valu à son auteur le titre de graveur de Sa Majesté. — Le burin de M. Lefèvre est intelligent, il a de la vigueur; il convient particulièrement à la reproduction des tableaux des écoles italienne et espagnole : c'est du moins ce que nous autorisent à penser sa gravure de *Sainte Cécile*, d'après Raphaël, et celle de l'*Immaculée Conception*, d'après Murillo. — La *Vue prise à la Gorge-aux-Loups, forêt de Fontainebleau*, est une planche habilement et hardiment burinée par M. Nyon, qui entend si bien ce genre de gravure.

Les gravures *fac-simile* des dessins de nos grands maîtres sont très nombreux. M. Leroy en a exposé vingt et une, exécutées d'après les dessins de la collection du Musée du Louvre pour l'ouvrage publié par l'auteur, sous ce titre : *Collection de Dessins originaux des grands maîtres publiés en fac-simile.* — Mais deux *fac-simile* curieux, ce sont ceux d'un procédé nouveau inventé par M. Brévière, auquel on doit la régénération de la gravure sur bois en France. Le *fac-simile* du dessin de Géricault, *Centaure enlevant une femme*, a la fermeté d'un croquis à la plume, et le *fac-simile* du *Vieillard*, dessin à la sanguine du Primatice, a tout le moelleux et le grené du crayon, et cependant, ce sont des gravures en relief tirées à la presse typographi-

que. — Un graveur plein d'intelligence, que la
mort vient d'enlever au milieu de ses travaux,
M. Riffaut, a exposé trois beaux *Portraits de
M. de Queslus*, de *Mme de Sauve* et de *M. de
Maugiron*, *fac-simile* de dessins conservés à la
Bibliothèque impériale. Cet artiste laborieux,
infatigable, était arrivé, à force de recherches,
à trouver les éléments de la gravure héliogra-
phique; les planches qu'il a envoyées à l'Exposition de photographie sont très intéressantes,
et pouvaient faire espérer une complète réus-
site.

Si la gravure a perdu en M. Riffaut un esprit
inventif, capable d'améliorer les procédés employés, la lithographie a perdu, en M. Aubry-
Lecomte, l'artiste qui a le plus contribué à la
perfection que cet art a atteint de nos jours.
M. Mouilleron a su, avec le crayon lithographique, reproduire la transparence du clair-obscur
du tableau de Rembrandt, la *Ronde de Nuit*,
du Musée d'Amsterdam, où l'avait envoyé le ministère d'Etat pour exécuter cette belle lithographie. — M. le ministre a également commandé à M. Soulange-Tessier, si nous ne nous
trompons, une lithographie du tableau de la
Prise de la tour Malakoff, peint par M. Yvon;
elle rend fidèlement tous les caractères et l'éclat
du coloris de cette grande composition. — Les
sept lithographies exposées par M. Raffet, font
partie du bel ouvrage qu'il a publié sur le siége
de Rome. Ces dessins sont de véritables tableaux, tant le crayon de cet artiste a de couleur et de vigueur, tant il y a d'action, de mouvement dans ces scènes militaires, et de vérité
dans ces types de troupiers dessinés d'après nature. — Le crayon facile et correct de M. Marc

a reproduit avec fidélité, et surtout avec talent, sur la pierre lithographique, l'*œuvre complète de David (d'Angers)*. Les seize cadres exposés contiennent un joli choix de lithograhies dessinées d'après les groupes, statues, bas-reliefs, bustes et médaillons de ce grand sculpteur. — Un des maîtres dans l'art de la lithographie, M. Sudre, le traducteur des peintures de M. Ingres, a exposé deux nouvelles et belles lithographies d'après ce célèbre artiste : *Tête d'Odalisque* et le *Portrait de Mme S...*

IX.

ARCHITECTURE.

MM. Hittorff. — Garnaud. — V. Baltard. — Mangeant. — Huguenet. — Beau. — Racinet.

Si les projets d'architecture sont en moins grand nombre qu'en 1857, ils offrent néanmoins un très grand intérêt ; ils témoignent des études sérieuses faites dans toutes les branches qui se rattachent à cet art, le plus ancien, le plus grand entre tous les arts, et cependant le moins apprécié, le moins goûté de la majorité des visiteurs. Il y a pourtant, à l'Exposition d'architecture, une œuvre qui devrait attirer l'attention d'une certaine classe d'amateurs ; nous parlons du modèle en stucs de couleurs diverses d'un temple grec, avec ornements et statues coloriés, exécuté d'après les dessins de M.

Hittorff. Comment se fait-il que personne ne
se presse autour du temple Hypoethre-amphi-
prostyle-pseudoperiptère de M. Hittorff? Est-
ce cet assemblage de mots qui a effrayé, ou cet
autre assemblage non moins dur, non moins
criard des tons de l'architecture polychrôme?...
Cette architecture peut plaire aux Anglais, aux
Allemands; mais les Français ne s'y habitue-
ront guère, malgré la ténacité des efforts de
M. Hittorff pour en introduire le goût parmi
nous. Voyez-vous l'effet de nos monuments ba-
digeonnés comme ceux que nous avons vus à
Munich? Voyez-vous la Madeleine, le Pan-
théon, la colonnade du Louvre avec entablement
bleu, colonnes roses, murailles rouges?... Non,
non; notre œil est, de longue date, habitué à
l'harmonie, au jeu merveilleux des rayons lumi-
neux sur la pierre et le marbre de nos monuments; nous préférons la couleur que la lumière donne à nos monuments en éclairant vigoureusement les saillies de l'architecture;
nous préférons les effets magiques des clairs et
des ombres si harmonieusement tempérés par
les demi-tons, par la transparence du clair-obscur, effets calmes, mystérieux, poétiques, que
détruit le tapage des tons durs et criards de
l'architecture polychrôme. Tout en repoussant
l'introduction en France de cette architecture,
nous n'en sommes pas moins très disposé à rendre justice et à admirer, au point de vue de la
science archéologique, le savoir que M. Hittorff
a déployé dans la *Restitution du temple grec*
que lui avait commandée S. A. I. le prince Napoléon pour son cabinet particulier.

M. Garnaud fait également preuve de talent
et d'érudition dans ses *Etudes d'architecture*

chrétienne, depuis l'église de hameau, de village, de petite ville, jusqu'à l'église paroissiale et métropolitaine des grandes cités. Ce sont de bons types que MM. les maires et les curés devraient consulter lorsqu'ils ont une église à faire construire.

Le projet qui nous a le plus intéressé, nous l'avouons, c'est le *Projet d'achèvement et de modification de la façade de l'église Saint-Eustache et de la construction d'une flèche centrale*, par M. Victor Baltard. Nous souhaitions depuis tant d'années la restauration de cette belle église d'architecture renaissance ! C'est avec le plus grand soin que nous avons examiné les dessins de ce projet, et nous ne pouvons qu'adresser nos compliments à M. Baltard. Cet artiste s'est inspiré de l'architecture du monument ; il en rappelle les principaux détails dans la façade et dans la flèche ; il tire tout le parti que l'on pouvait tirer du gros œuvre de la façade actuelle qui sera métamorphosée en élégante architecture renaissance. Nous doutons qu'on ait pu faire quelque chose de meilleur goût que la composition exposée par cet architecte.

M. Mangeant a exposé un travail très curieux à propos d'un *Projet d'arrangement de l'île de la Cité de Paris*, lequel se compose de six dessins : 1° Lutèce habitée par les nautes parisiens, sous la domination romaine ; ses monuments sont : la forteresse municipale, l'autel de Jupiter ; la Voie Sacrée qui la traverse du Petit-Pont au Grand-Pont. — 2° *Parisii* sous la seconde race ; ses monuments sont : le palais, l'église cathédrale sur l'emplacement du temple de Jupiter, la maison de l'église ou hospice, le baptistère, l'école, le Petit et le Grand-

9

Châtelet. — 3° La Cité, xv⁰ siècle, entre l'Uni-
versité, sur la rive gauche, et la ville, sur la
rive droite, ses monuments sont : le Palais
des Rois, la Sainte-Chapelle, Notre-Dame, l'Hô-
tel-Dieu. — 4° La Cité, état actuel. — 5° Vue
générale du projet. — 6° Plan général du projet.

Il y a quelques années, le graveur qui repro-
duisait un monument, la cathédrale de Reims,
par exemple, était classé à l'Exposition parmi
les architectes. Nous avons fait observer qu'il y
avait confusion, qu'un graveur n'étant pas architecte devait être avec ses pairs, avec les graveurs. Aujourd'hui, les graveurs, les lithographes qui reproduisent des monuments, des
fragments de monuments, des horloges même
ne sont plus mêlés avec les architectes pur
sang; ils sont catalogués à la suite sous ces titres : *Architecture-Gravure*, *Architecture-Li-
thographie*. Ne serait-il pas logique de placer
ces graveurs d'architecture, ces lithographes
d'architecture dans des divisions faisant suite à
la gravure et à la lithographie plutôt qu'à l'architecture, puisque c'est le travail du graveur et
du lithographe qu'on expose, et non l'œuvre de
l'architecte? N'est-ce pas le burin de M. Hu-
gunet, le crayon lithographique de M. E. Beau
qu'on récompense lorsqu'on leur accorde des
médailles? Qu'ont de commun, avec les projets
d'architecture, les dessins d'horloges et de mon-
tres du xvi⁰ siècle, de la collection de M. le
prince Sollykoff, exposés par M. Racinet fils?
Un projet d'architecture est l'œuvre d'un architecte, et une gravure, d'après l'œuvre d'un
architecte ou d'après l'œuvre d'un sculpteur, d'un
peintre, d'un horloger, sera toujours une gravure
et classée comme telle dans nos collections.

X.

RÉCOMPENSES.

La distribution des récompenses décernées aux artistes, à la suite de l'Exposition de 1859, a eu lieu le 15 juillet, à neuf heures du matin, au palais des Champs-Elysées, sous la présidence de S. Exc. M. Achille Fould, ministre d'Etat. Le grand Salon carré de l'Exposition avait été disposé et décoré pour cette cérémonie.

A neuf heures précises, S. Exc. le ministre d'Etat a pris place sur l'estrade qu'on avait préparée pour le recevoir. Il avait à sa droite M. le comte de Nieuwerkerke, directeur général des Musées impériaux, intendant des Beaux-Arts de la maison de l'Empereur; à sa gauche, M. Gautier, secrétaire général de la maison de l'Empereur; Son Excellence était aussi accompagnée par M. le conseiller d'Etat Pelletier, secrétaire général du ministère d'Etat, par M. le marquis de Chennevières, conservateur-adjoint des Musées impériaux, chargé de la direction des Expositions des Beaux-Arts, et MM. les membres de l'Institut, section des Beaux-Arts.

La séance étant ouverte, S. Exc. le ministre d'Etat a prononcé un discours qui a été fort applaudi par tous les artistes exposants, et que, pour notre part, nous nous empressons de reproduire dans son entier :

« Je ne répondrais pas au sentiment qui nous anime tous, si ma première pensée n'était pas pour l'Empereur et pour l'armée. La nouvelle campagne d'Italie, immortalisée par d'éclatantes victoires, est aujourd'hui couronnée par une paix glorieuse. Il était permis de craindre que le spectacle de ces grands événements ne fût nuisible à cette Exposition en détournant d'elle l'attention du public.

» Il n'en a pas été ainsi. Confiante dans ses armées et dans son souverain, calme sous la régence de l'Impératrice, la nation ne s'est détournée ni de ses travaux, ni de ses délassements. L'empressement avec lequel ce palais a été visité, les acquisitions nombreuses qui y ont été faites, ont prouvé l'intérêt qui s'attache toujours, dans notre pays, aux œuvres de l'art, aux travaux de l'intelligence.

» Je me plais à constater, Messieurs, que l'ensemble mérite les éloges du public éclairé et délicat. S'il n'a pas eu à admirer une de ces pages hors ligne par lesquelles un génie nouveau se révèle, il n'a pas été choqué non plus de ces présomptueuses singularités qu'inspire un faux goût.

» La trace de l'étude est plus sensible ici que dans les Expositions précédentes. Il y a moins de ces œuvres enfantées à la hâte et qui sont encore plus promptement oubliées qu'elles n'ont été conçues. Nous avons vu avec satisfaction diminuer aussi le nombre de ces essais que l'on nous présentait avec assurance pour des œuvres sérieuses.

» Les ébauches que nous avons recueillies des anciens maîtres, et que nous conservons précieusement, tiennent leur prix autant du souvenir de leur auteur que des grandes qualités qu'elles indiquent ; mais l'admiration qu'elles inspirent ne fait qu'augmenter le regret de ne pas les voir plus complètes.

» On revient au vrai principe de l'art, aux saines traditions, à celles qui ont le travail pour base et le bon goût pour règle. On comprend que l'étude n'a jamais comprimé le génie, et que l'application a souvent développé le talent. J'attribue, Messieurs, cet heureux progrès aux conseils éclairés de vos maîtres, qui viennent d'être vos juges, et à la sollicitude dont le gouvernement de l'Empereur vous entoure.

» Il accueillera tous les moyens qui lui sont offerts de vous la témoigner. Cette année, c'est une loterie placée sous le patronage d'hommes éminents, et dont le dévoûment à l'art est depuis longtemps venu augmenter les sommes ordinaires employées en acquisitions.

» De nombreuses commandes, de glorieuses distinctions encouragent tous les efforts et récompensent le mérite dans toutes les branches des arts que vous cultivez. Enfin, Messieurs, vous trouverez tout à l'heure, dans le nombre et le choix des distinctions qui vous ont été accordées, un témoignage de la haute satisfaction de S. M. l'Impératrice-Régente.

» Tant de soins ne doivent pas être perdus, et vous les reconnaîtrez en donnant la gloire des arts à un règne qui en a déjà tant d'autres. »

M. le comte de Nieuwerkerke, directeur général des Musées, a pris ensuite la parole pour expliquer le but des rappels de médailles et des mentions honorables comme récompenses aux exposants. Ce discours est une nouvelle preuve de l'intérêt que M. le directeur des Musées porte aux artistes; ceux-ci ont répondu à ses bonnes intentions par les plus chaleureux applaudissements.

M. le comte Nieuwerkerke a ensuite proclamé les récompenses dans l'ordre suivant :

Officier : M. Ch. Muller, peintre.
Chevaliers : MM Norbin, peintre ; Mathieu, id. ; Palizzy, id. ; Daubigny, id. ; Ch. Lefèvre, id. ; Duval-Lecamu, id. ; Bonguerau, id. ; Barrias, id. ; Knaüs, id. ; Plassan, id. ; Baron, id. ; Chavet, id. ; Fromentin, id. ; Ch. Leroux, id.. ; Farochon, statuaire ; Loison, id. ; Aimé Milet, id. ; François (Jules), graveur ; Soulange-Teissier, lithographe.

PEINTURE.

Rappel des médailles de 1re classe. — MM. Fortin, Daubigny, Knaüs, Bézard.
Médailles de 1re classe. — MM. Breton, Fromentin, Leleux.
Rappel des médailles de 2e classe. — MM. Laugée, Heilbuth, Laemlein, de Curzon, Roux, Boulanger, Roehn, Timbal, Guillemin, Brion, Richter, Leroux.
Médailles de 2e classe. — MM. Rigo, Belly, Hamman, Janmot, Leighton, Bonheur.
Rappel des médailles de 3e classe. — Mme Browne ; MM. Brendel, Devilly, Toulmouche, Plassan, Marquis, de Knyff, Compte-Calix, Busson, Rivoulon ; Mlle Thévenin ; M. Mazerolle ; Mme Besnard.
Médailles de 3e classe. — MM. Levy, Achenbach, Caraud, Lechevalier-Chevignard, Ulman, Deneuville, Boulangé, Delaunay, Pasini, Baudit, Janet-Lange, Berchère.
Mentions honorables. — Mlle Allain ; MM. Allemand, Aubert, Bonnat, Brissot ; Mme Becq de Fouquières ; MM. Chretien, Clere, Cock, Coroenne, Crauk, Decaen ; Mme Gaggioti-Richards ; MM. Gassies, Graize, Grenet, Grisée, Grolig, Hanoteau, Herbstoffer, Hintz, Houzez, Hubner, Job, Jumel, Kate, Lalaisse, Lamorinière, Lobrichon, Magy, Marquerie, Merle, Meynier ; Mlle Morin ; Mme la

comtesse de Nadaillac ; MM. Papeleu, Perrachon , Pina, Protais ; Mme Robelet ; MM. Rothermel, Rui-perez, Sain ; Mme Schneider; MM. Tabar, Valerio, Villevieille.

SCULPTURE.

Rappel des médailles de 1re classe. — M. Loison.
Médailles de 1re classe. —MM. Moreau et Allasseur.
Rappel des médailles de 2e classe. — MM. Gumery, Schroder, Grabowski, Farochon, Marcellin, Maindron.
Médailles de 2e classe. — MM. Begas, Crauk, Darpeaux, Salmson.
Rappel des médailles de 3e classe. — MM. Oliva, Chabaud, Borrel, Le Bourg, Travaux.
Médailles de 3e classe. — MM. Lepere, Truphème, Varnier, Eupe, Aizelin, Ponscarme.
Mentions honorables. — MM. Badiou de la Tronchère, Bangillon, Barthélemy, Brian, Carrier de Belleuse, Chatreusse, Chevalier, Clère, Cocheret, David, Delabrière, Deunbergue, Durand, Fabisch, Franceschi, François, Fumière, Grandfils, Hébert, Kaltenheuser, Lanzirotti, Lavigne, Moignez, Morel-Ladeuil, Poitevin, Prouha, Roubaud, Valette, Watrinelle.

GRAVURE ET LITHOGRAPHIE.

Rappel des médailles de 1re classe. — MM. Blanchard, François, Lasalle, Mercury.
Médailles de 1re classe. — M. Keller.
Rappel des médailles de 2e classe. —MM. Bridoux, Gaucheret, Girardet (Edouard), Girardet (Paul), Girard, Salmon, Soulange-Teissier, Weber.
Médailles de 2e classe. — MM. Bal, Eichens.
Rappel des médailles de 3e classe. —MM. Aubert, Laurens, Lavielle, Leroy, Varin.
Médailles de 3e classe. — MM. Jouannin, Joubert, Sirouy, Valerio.
Mentions honorables. — MM. Bertinot, Caret, Chevron, Constantin, Fleischmann, Gibert, Lehner,

Levasseur, Manceau, Martinet, Pichard, Riffaut, Saunier, Stang, Sulpis, Thomas, Verswyvel, Wacquez, Wismes.

ARCHITECTURE.

Rappel des médailles de 1re *classe.* — MM. Garnaud, Verdier.

Médailles de 1re *classe.* — M. Tetaz.

Rappel des médailles de 2e *classe.* — M. Denuelle.

Médailles de 2e *classe.* — MM. Thomas, Hénard.

Rappel des médailles de 3e *classe.* — M. Trilhe.

Médailles de 3e *classe.* — MM. Villain, Moll, Mauss.

Mentions honorables. — MM. Arangoïti, Reiber, Schmitz.

Nous saisissons l'occasion qui nous est offerte pour démontrer que le nombre des récompenses n'est plus en rapport avec l'état actuel des Expositions. Il y a trente à quarante ans, le Salon se composait à peine de douze cents ouvrages; l'Exposition qui vient de finir en comptait trois mille neuf cents environ, c'est-à-dire près de trois fois plus. Comment se fait-il qu'en présence de cette énorme augmentation des ouvrages exposés, le nombre des médailles soit resté le même qu'autrefois? Si alors le nombre des récompenses était parfaitement en accord avec le nombre des ouvrages exposés, il est évident qu'il ne l'est plus aujourd'hui. C'est en vain que l'administration a cherché à réparer ce tort, à combler cette lacune en créant les *rappels de médailles* et les *mentions honorables*; cette mesure, qui ne date que de 1857, n'a pas satisfait les artistes et ne les satisfera pas, malgré les bonnes intentions de M. le directeur général des Musées et les explications qu'il a données dans son discours. En effet, tout

le monde reconnaît l'insuffisance de trois médailles de 1re classe, de six de 2e classe et de
douze de 3e classe, en tout vingt-une médailles
pour plus de trois mille peintures comprenant
les sections d'histoire, de genre, portraits, animaux, paysages, intérieurs, marines, miniatures, pastels, aquarelles et dessins. C'est encore
pire pour la sculpture, qui occupe, de nos jours,
une si belle et si importante place à nos Expositions : pour cinq cents ouvrages environ, on
ne lui accorde que douze médailles, dont deux
de 1re classe, quatre de 2e classe et six de
3e classe; encore faut-il les partager avec les
graveurs en médailles.

Pour établir l'équilibre entre les récompenses
et la valeur des ouvrages qui figurent aux Expositions de notre époque, pour mettre ces récompenses en harmonie avec les progrès qui ont
grandi certaines branches de l'art, jadis négli-
gées, dédaignées et, pour ainsi dire, inconnues,
il faudrait augmenter le nombre des médailles
et, en quelque sorte, les distribuer par genre,
car il est impossible qu'avec ses trois médailles
de 1re classe l'administration puisse récompen-
ser, à mérite égal, une peinture historique, un
tableau de genre, un portrait, un paysage, un
intérieur, une marine, une miniature, un pastel et un dessin. Nous savons qu'il est rare de
rencontrer à la même Exposition des œuvres du
premier mérite dans tous ces genres; mais,
cependant, cela pourrait arriver, et nous croyons
que si, cette année, le jury avait eu à disposer
de six médailles de 1re classe pour la peinture,
il aurait été beaucoup moins embarrassé qu'en
n'en ayant que trois seulement pour récom-
penser tant d'œuvres remarquables.

XI.

Tirage de la loterie de l'Exposition des Beaux-Arts.

Le dimanche, 24 juillet, à deux heures, il a été procédé, dans la grande nef du Palais de l'Industrie, au tirage de la loterie de l'Exposition des Beaux-Arts, organisée par un arrêté de S. Ex. le ministre d'État et de la Maison de l'Empereur, en date du 7 mars dernier. Au fond, dans la partie ouest de la nef, a été élevé une riche estrade sur laquelle ont été disposés deux bureaux pour les membres de la Commission et pour les fonctionnaires supérieurs du ministère de la Maison de l'Empereur. L'instrument du tirage de la loterie a été placé derrière les bureaux sur une plate-forme beaucoup plus élevée, de manière que les opérations du tirage soient aperçues de tous les points de l'enceinte.

Le fond de la nef est orné de faisceaux, d'écussons et de riches draperies sur lesquels se détachent les objets d'art acquis pour la loterie. Les cent vingt-trois tableaux, dessins, aquarelles et pastels garnissent le fond et les deux côtés de l'estrade, et de chaque côté du bureau on a placé sur des piédestaux les trois seules sculptures achetées : *la Fileuse*, statue en bronze, de M. Mathurin Moreau ; *le Petit Vendangeur*, statue terre cuite, de M. Jean De Bay ; *la Jeune Femme couronnée de lierre*, buste en marbre, de M. Louis Auvray ; et aussi *le Vase renaissance*, argent repoussé, de M. Deunbergue, ainsi que *l'Italie*, terre émaillée de M. Devers.

A deux heures, S. Ex. M. le comte de Morny, président du Corps législatif, président de la Commission de la loterie, est entré accompagné des membres de la Commission, de M. Gautier, conseiller d'État, secrétaire général du ministère de la Maison de l'Empereur, et de M. le marquis de Chennevières, conservateur-adjoint des Musées, chargé de la direction des Expositions des Beaux-Arts.

La séance étant ouverte, S. Ex. M. le comte de Morny donne lecture d'une lettre qu'il a adressée le 22 juillet à S. Ex. le ministre d'État et de la Maison de l'Empereur, pour lui annoncer la clôture des travaux de la Commission. Il communique ensuite à l'assemblée la réponse de S. Ex. le ministre d'État de la Maison de l'Empereur, qui charge la Commission de procéder à l'opération du tirage de la loterie.

Après cette lecture, M. le président expose, dans un discours bien senti, les heureux résultats obtenus par la Commission, les avantages de cette loterie déjà appréciés par les artistes, l'influence qu'elle aura sur le goût du public, et l'extension qu'elle est appelée à prendre dans l'avenir. Puis il entre dans de minutieux détails sur le mode de tirage adopté par la Commission, et il termine en annonçant que « le droit de reproduction de leurs ouvrages a été réservé aux artistes. »

Sur l'invitation de M. le président, les enfants chargés de tirer les numéros sont introduits dans la salle, et le tirage commence au milieu de l'attention générale des nombreux spectateurs qui, malgré le mauvais temps, avaient voulu assister à cette intéressante opération.

Nous ne reproduirons pas ici la liste des lots publiée par le *Moniteur* ; nous les avons déjà mentionnés dans cette revue de l'Exposition.

TABLE DES MATIÈRES.

ERRATA.

Page 22, lignes 10 et 11, lisez : « Nous engageons cet artiste à ne pas sacrifier... à ne pas chercher... »

Page 24, ligne 10, lisez : « C'est tentant pour tout le monde. »

FIN.

Paris. — Typographie d'Émile Allard, 14, r. d'Enghien.